SWEDISH
THE BASICS

THIRD EDITION

By

LAURA A. WIDEBURG

NOTE TO TEACHERS

The lessons in this book are designed so that each chapter, as well as the section on absolute basics and the review, can be comfortably taught in two consecutive 1.5 hour sessions. Where classes meet for full two hour sessions, this gives the teacher flexibility for extra activities or to provide additional exercises.

Most of the exercises can be completed directly in the book, obviating the need for additional handout materials.

Cover Photography: Laura Wideburg
Cover Design: ASMUS, Inc.
Copyright ©2009-2012 Laura A. Wideburg
All rights reserved.

Published by ASMUS, Inc.
ISBN 978-0-9855930-0-1

INTRODUCTION TO THE BOOK

Swedish is the most beautiful language I have ever had the pleasure to learn. As I started to teach evening classes, I noticed that the materials available were either geared toward immigrants to Sweden or else to college students. Self-study materials also left a great deal to be desired. Finally I realized that if there were to be a book aimed at American English speakers who attend evening classes once a week and otherwise have busy lives, I needed to write that book myself.

Since Americans studying Swedish often need to know the language for visiting relatives or friends, I have concentrated on basic family language in the first few chapters. I cover basic Swedish culture, such as food and holidays. I put great emphasis on repetition and review so that the vocabulary is easier to retain, and the chapters are short so that they are not overwhelming.

North Americans learn Swedish for different reasons than immigrants to Sweden. Often they have ancestors who came during the mass migration of 1850-1920. Others have parents who immigrated to the United States relatively recently. People from North America also learn Swedish because they are interested in traveling or visiting Sweden for longer periods of time for work or study, or because they have found a Swedish-speaking romantic partner. This book is based on what North Americans need to learn in order to communicate with their families and friends and to travel through the country with confidence.

I wish all students great pleasure in learning this wonderful Scandinavian language.

INTRODUCTION TO THE LANGUAGE

If you are a speaker of North American English, learning Swedish is relatively easy, even compared to other Indo-European languages such as French, Spanish or German.

Swedish is a cousin language to English. Both Swedish and English are descended from the same mother language spoken in Southern Scandinavia around 2000 years ago. Many of our basic words are even spelled identically.

You can guess these words: **arm, hand, finger, ring, son**. The pronunciation is a little different, but the meaning and the spelling is identical to English.

Other words are spelled a little differently, but can still be guessed: **katt, syster, dotter, tå.** *

We also have a number of shared words due to our Latin-based academic heritage: *information, position, nation*.

Knowing a few sound changes will also increase your understanding. For instance, the Northern Germanic language dropped *w* in front of the "oh" sound. So *word* becomes **ord** and *worm* becomes **orm**.

* cat, sister, daughter, toe.

Tips for Language Learning

Taking a class is one of the fastest ways to learn a new language when living outside of the country and especially before a visit to that country. You can try out your new language with many other people who are in your situation.

Swedish: An Essential Grammar Second Edition (2008) by Philip Holmes and Ian Hinchliffe is the most up-to-date grammar on the market and includes many useful charts, especially for strong verbs.

The *Prisma (University of Minnesota) Swedish-English English-Swedish dictionary* is the best beginner dictionary available in the United States.

To practice listening, go online and find Sveriges Radio : www.sr.se

Dagens Nyheter, the Stockholm news daily, has an easy-to-read (lättläst) version of the news: www.dn.se

Sveriges Television has many programs on-line, including the news (Rapport): www.svt.se

A good way to build vocabulary is through flashcards like those available online at www.swedish-flashcards.com.

Be brave, speak up, write stuff down, practice, practice, practice and laugh. Before you know it, the language will be a part of you and your cultural horizons will be broader.

Tusen tack för intresset i det svenska språket!
Thank you for your interest in the Swedish language!

Laura A. Wideburg

Table of Contents

INTRODUCTION TO THE BOOK 3
INTRODUCTION TO THE LANGUAGE 5
Tips for Language Learning 6

THE ABSOLUTE BASICS 11
TACK—*Thank You* 11
Hej och Hej då! — *Hi and Bye!* 12
Hur mår du? — *How are you?* 12
BASIC VERB FACTS 14
    Basic Verbs 14
    Verbs in the Present Tense 15
NEGATIVES 15
WORD ORDER 15
SMALL IMPORTANT WORDS (CONJUNCTIONS) 16
EN AND ETT 17
    Questions and Answers 18
THE SWEDISH ALPHABET 19
SOME PRONUNCIATION TIPS 20
    R-Ljudet 20
    TJ-Ljudet 20
    SJ-Ljudet 20
    Front and Back Vowels 21
Talar du svenska? — *Do you speak Swedish?* 22
NUMBERS 23

CHAPTER ONE 25
Trevligt att träffas! / How Nice to Meet You! 25
ABOUT NOUNS 27

CHAPTER TWO 39
Om min familj / About my Family 39
    The Family — Familjen 41
PRONOUNS 41
    Object Pronouns 41
    Possessive Pronouns 42
Om min familj 50

CHAPTER THREE / KAPITEL TRE 51
Svenskarna tycker om att dricka kaffe / Swedes Love Drinking Coffee 51
NUMBERS BEYOND TWENTY 53
Use of MAN 55
MORE ABOUT VERBS 55
    The Tenses 55
    Modal Verbs and How to Use Them 56
Att fika 62

KAPITEL FYRA 63
I skogen / In the forest 63
REGULAR WEAK VERBS AND THEIR THREE GROUPS 65
IRREGULAR WEAK VERBS 69
Naturen 75

KAPITEL FEM 77
Att handla i stan / Shopping in the City 77
WORD ORDER IN SUBCLAUSES 80
Vädret — *The Weather* 81
ADJECTIVES 82
    Definites 82
    Possessives 83
Färger — *Colors* 83
Kläder — *Clothing* 84
Svenska helgdagar 95

KAPITEL SEX 97
Sportlov i fjällen / Going Skiing in the Mountains 97
TIME AND DATE 101
    Veckodagarna — *Days of the week* 101
    Månader — *Months* 101
    Årstider — *Seasons* 101
    Hur mycket är klockan? — *What time is it?* 102
Time Expressions 105
ORDINAL NUMBERS 106
PREPOSITIONS 108
    Prepositions of Place 108

Prepositions of Manner 108
Prepositions all over! 109
Att planera en resa 115

KAPITEL SJU 117
Nu är det vår! 117
ADVERBS 120
   Adverbs of Place 121
MOVEMENT OR NOT? 123
   Verbs Explicitly Reflecting Movement 123
   Verbs Explicitly Reflecting Stationary Position 123
Valborgsmässoafton 131

KAPITEL ÅTTA 133
Midsommarafton 133
STRONG VERBS 136
VERB COMMAND FORMS (IMPERATIVES) 140
Ett lyckligt liv 146

KAPITEL NIO 147
Smaklig måltid! Bon appetit! 147
DEPONENT VERBS 151
PASSIVE VERBS 152
How do you know? Veta, kunna, känna 155
Restauranger i Sverige 163

KAPITEL TIO 165
Dags att åka hem 165
REFLEXIVE VERBS 169
Comparing, Contrasting and the Best of the Best 171
Kaffekalas 182

REVIEWING SWEDISH BASICS 183
Nouns 183
Verbs 185
Adjectives 187
Adverbs 189
Prepositions 190
Sentence order 191

Ett brev 192
Acknowledgements 195
About the Author 197

THE ABSOLUTE BASICS

TACK—*Thank You*

Tack is the most basic word in Swedish. It means thank you and it is used in many ways to smooth social interaction.

A simple *tack* at the end of a sentence also means *please*.

You are at the table and want to have the butter:

Jag vill ha smöret, tack.
I want the butter, please.

Here are a number of variations:

Tack.

Tack, tack.

Tack så mycket.

Tack ska du ha.

Tusen tack.

Tackar, tackar.

Jag tackar så mycket.

Du får ha stort tack.

*

There are many more variations and, believe me, you cannot say *tack* enough!

Hej och Hej då! — *Hi and Bye!*

Hej!	*Hi!*
Hejsan!	*Hi!*
Hej på dig!	*Hi!*
Hej på er!	*Hi guys! (Hi y'all!)*
God dag!	*Good day!*
God morgon!	*Good morning!*
God afton!	*Good evening!*
God kväll!	*Good evening* [Said when ending the evening]
God natt!	*Good night!* [Said before sleeping]
Hej då!	*Good bye.*
Vi ses!	*See you!*
Adjö!	*Goodbye.* [Formal and rather old-fashioned]
Vi ses nästa vecka!	*See you next week!*
Tack för den här gången!	*Thanks for being here!*

Hur mår du? — *How are you?*

Hur mår du?	**Jag mår bra, tack.**
How are you?	*I'm fine.*
Hur går det?	**Det går bra, tack.**
How's it going?	*Just fine, thanks.*
Hur är läget?	**Bra, tack.**
How's it going?	*All right, thanks.*
Läget?	**Bra.**
'Sup?	*'s ok.*

Dialog 1

Anna:	Hej, Nadja! Hur mår du?
Nadja:	Bra, tack. Och du?
Anna:	Jag är lite trött, men annars går det bara bra.

Och du	*and you?*
Lite trött	*a little tired*
annars går det bara bra	*otherwise just fine*

Dialog 2

Lars:	Läget?
Hans-Erik:	Bra. Du?
Lars:	Bra.

BASIC VERB FACTS

Basic Verbs

The two most basic verbs in Swedish are **vara** and **ha**.

Vara means *to be* and **ha** means *to have*. The present tense of **vara** is **är**. It does not change its form. The present tense of **ha** is **har**. It also does not change its form for grammatical person, in contrast to English *have / has*.

Let's compare:

Swedish	English	Pronunciation
jag är	*I am*	[jah ehr]
du är	*You are*	[doo ehr]
han är	*He is*	[hahn ehr]
hon är	*She is*	[hoon ehr]
den är / det är	*It is*	[den ehr / de'ehr]
vi är	*We are*	[vee ehr]
ni är	*You (you guys, you all) are*	[nee ehr]
de är	*They are*	[dom ehr]

Swedish	English	Pronunciation
jag har	*I have*	[jah hahr]
du har	*You have*	[doo hahr]
han har	*He has*	[hahn hahr]
hon har	*She has*	[hoon hahr]
den har / det har	*It has*	[den hahr / de'hahr]
vi har	*We have*	[vee hahr]
ni har	*You (you guys, you all) have*	[nee hahr]
de har	*They have*	[dom hahr]

Verbs in the Present Tense

Verbs in the present tense take an ending that is either **–r** or **–er**.

tala = *to speak*   **talar** = *speak(s)*
ha = *to have*   **har** = *have / has*
läsa = *to read*   **läser** = *read(s)*
bo = *to live, inhabit* **bor** = *live(s), inhabit(s)*

To ask a question, the word order is inverted.

Har du...?   *Do you have...?*
Talar du...? *Do you speak....?*
Läser du...? *Are you reading?*

NEGATIVES

To make a verb negative, you use **inte** = *not*.

Jag talar **inte** svenska.   *I do not speak Swedish.*
Erik bor **inte** i Seattle.   *Erik does not live in Seattle.*
Anna är **inte** gift.   *Anna is not married.*

To make a noun negative, you use **ingen** (for en-nouns), **inget** (for ett-nouns) or **inga** (for plural nouns). Nouns are described in more detail starting on the next page.

Jag har **ingen** hund.   *I don't have a dog.*
Jag har **inget** hus.   *I don't have a house.*
Jag har **inga** katter.   *I don't have any cats.*

WORD ORDER

A main sentence can start with any part of speech, but the conjugated verb must come in the second place. Note that if the sentence begins with any part of speech other than the subject, the subject must follow the conjugated verb.

Starting with the subject:

Anna <u>vill</u> lära sig tala franska i år.
Anna wants to learn French this year.

Starting with a prepositional phrase:

I år <u>vill</u> Anna lära sig tala franska.
This year, Anna wants to learn French.

In a question without a question word, the conjugated verb comes first.

<u>Vill</u> Anna lära sig tala franska i år?
Does Anna want to learn French this year?

SMALL IMPORTANT WORDS (CONJUNCTIONS)

There are small words, conjunctions, which can combine two parts of a sentence or two main clauses: **och**, **eller**, **om**, **men** (*and, or, if, but*). "Because" (**därför att**) cannot be used with main clause word order and will be taken up in a later chapter on subclauses.

Jag tycker om katter och hundar.
I like cats and dogs.

Hon tycker om katter och han tycker om hundar.
She likes cats and he likes dogs.

Han tycker om hundar men hon tycker om katter.
He likes dogs but she likes cats.

Tycker du om hundar eller katter?
Do you like dogs or cats?

Om du tycker om katter, tycker du också om hundar?
If you like cats, do you also like dogs?

EN AND ETT

Like many other Indo-European languages, Swedish nouns take a gender. Unlike German or French, there are no "male" or "female" nouns, just a distinction between gender and neuter.

Gender nouns (75% of all nouns) are **en**-nouns and neuter nouns (25%) are **ett**-nouns. So when you learn a noun in Swedish, it is a good idea to learn whether it is an **en**-noun or an **ett**-noun right from the start.

Here are some basic **en**-nouns:

en flicka	*a girl*
en pojke	*a boy*
en mor	*a mother*
en far	*a father*
en syster	*a sister*
en bror	*a brother*
en kvinna	*a woman*
en man	*a man / a husband*
en fru	*a lady / a wife*
en katt	*a cat*
en hund	*a dog*
en fågel	*a bird*

Here are some basic **ett**-nouns:

ett hus	*a house*
ett barn	*a child*
ett rum	*a room*
ett jobb	*a job*
ett yrke	*a profession*

Try it out!

En or **ett**? Decide:

____ hus   ____ syster   ____ kvinna   ____ barn   ____ katt   ____ hund

____ rum   ____ yrke   ____ mor   ____ bror   ____ pojke   ____ flicka

Questions and Answers

Here are examples of basic questions and answers.

Har du en katt?   Ja, jag har en katt.
                        Nej, jag har ingen katt.

Har du ett hus?   Ja, jag har ett hus.
                        Nej, jag har inget hus.

Try it out!

Har du __ yrke?   Ja, jag har ____ yrke.

Har du __ hund?   Ja, jag har ____ hund.

Har du __ bror?   Ja, jag har ____ bror.

Har du __ syster?   Nej, jag har ____ syster.

Har du __ jobb?   Nej, jag har ____ jobb.

THE SWEDISH ALPHABET

A [ah]   B [beh]   C [seh]   D [deh]   E [eh]   F [eff]   G [geh]

H [hoh]   I [ee]   J [yee]   K [koh]

L [ell]   M [emm]   N [enn]   O [oo]   P [peh]

Q [kü]   R [err]   S [ess]   T [teh]   U [üh]   V [veh]

X [eeks]   Y [ü –psilon]   Z [seta]

Å [oh]   Ä [aeh]   Ö [öh]

The last three letters, **å, ä** and **ö** are part of the Swedish alphabet. They are found *after* Z in the dictionary. If you are looking up a word, you need to know that these vowels are found in a different place than you might expect.

Y and Ö are pronounced with your lips so rounded so that it seems you are sucking through a straw.

W is not a standard letter of the Swedish alphabet, but is sorted under V. If you need to say it, it is pronounced [**dubbl-veh**].

Try it out!
Spell your last name in Swedish.

SOME PRONUNCIATION TIPS

Swedish has a few sound combinations which are unusual and to some extent unique.

R-Ljudet

If there is an "r" in a word, this sound often affects other sounds in the vicinity.

A vowel in front of "r" is more "open" than the vowel alone, especially in the word **är**.

"g" after "r" changes pronunciation to "ryeh"

Pronounce these words: **borg, berg, Göteborg**

"r" before "s" changes to "rsh"

Pronounce these words: **person, Lars, i för sig**

TJ-Ljudet

This sound is similar to the "ch" in German "ich," but always comes as an initial sound in a word. It can be spelled with a "k" as well.

Pronounce these words: **tjära, tjock, köra, kyssa**

SJ-Ljudet

This sound is similar to our "sh," but pronounced further back in the mouth and depending on the following vowel, often with rounded lips.

It has a number of spellings, including "stj," "sk"

Pronounce these words: **sjö, stjärna, skör, sju**

Front and Back Vowels

Front vowels affect pronunciation of the preceding consonant. These vowels are called front vowels because they are pronounced in the front of the mouth, while back vowels are (logically) pronounced in the back of the mouth.

Front vowels are: **e, i, y, ä** and **ö**.

Back vowels are: **a, o, u** and **å**.

"k" and "sk" in front of front vowels become "tj" and "sj."

"g" in front of front vowels becomes "yeh."

When in front of back vowels, these consonants are pronounced as in English.

köra	[tjöhra]	**ko**	[ko]
skör	[s^{w}ör]	**skor**	[skoor]
Göran	[yöhrahn]	**Gud**	[Güd]

Talar du svenska? — *Do you speak Swedish?*

Talar du svenksa?
Ja, jag talar svenska.
Talar du engelska?
Ja, jag talar engelska.
Kan du tala franska?
Nej, jag kan inte tala franska.
Kan du tala tyska?
Nej, jag kan inte tala tyska.
Vilka språk talar du?
Jag talar svenska, engelska, tyska och lite franska.
Jag vill lära mig svenska.

---

tala	*to speak*
ja	*yes*
nej	*no*
kan	*can* (be able to)
svenska	*Swedish*
engelska	*English*
franska	*French*
tyska	*German*
Vilka språk talar du?	*Which languages do you speak?*
Jag vill lära mig svenska.	*I want to learn Swedish.*

Other languages:

italienska	*Italian*	**kinesiska**	*Chinese*
ryska	*Russian*	**japanska**	*Japanese*
spanska	*Spanish*	**arabiska**	*Arabic*
finska	*Finnish*	**vietnamesiska**	*Vietnamese*

NUMBERS

1. **ett (en)** [eht (ehn)]
2. **två** [tvoh]
3. **tre** [treh]
4. **fyra** [feerah]
5. **fem** [fehm]
6. **sex** [sehks]
7. **sju** [s^{w}üü]
8. **åtta** [oht·ta]
9. **nio** [neeuh]
10. **tio** [teeuh]
11. **elva** [ehlvah]
12. **tolv** [tohlv]
13. **tretton** [trehton]
14. **fjorton** [fyoorton]
15. **femton** [fehmton]
16. **sexton** [sehkston]
17. **sjutton** [s^{w}üt·ton]
18. **arton** [ahrton]
19. **nitton** [neet·ton]
20. **tjugo** [tjoo–gee]

CHAPTER ONE

Trevligt att träffas! / How Nice to Meet You!

Dialog 1

Anna:	Hej. Jag heter Anna. Vad heter du?
Mark:	Hej. Mark heter jag. Trevligt att träffas. Är du från Sverige?
Anna:	Ja, jag är svensk. Jag gissar att du är amerikan. Har jag rätt?
Mark:	Du har rätt. Jag bor i Seattle och är på besök i Stockholm.
Anna:	Vad trevligt! Tycker du om Sverige?
Mark:	Sverige är ett vackert land!

Nouns:
- **ett land** — *a country*
- **Sverige** — *Sweden*

Verbs:
- **heta** — *to be called*
- **gissa** — *to guess*
- **tycka om** — *to like something or someone*

Phrases:
- **trevligt att träffas** — *Nice to meet you*
- **ha rätt** — *to be right*
- **jag är svensk / amerikan** — *I am Swedish / American.*
- **vara på besök** — *to be visiting*
- **vara från** — *to be from*
- **ett vackert land** — *a beautiful country*
- **svenskamerikan** — *Swedish-American* (person)
- **svenskamerikansk** — *Swedish-American* (adjective in general)

Forms for adjective, person, and language differ sometimes: **amerikansk** (*adjective*), **amerikan** (*person*) and **amerikanska** (*American-English*).

Dialog 2

Ett party.

Hans-Erik och Lars ska gå på fest hos Anna.
De kommer fram precis klockan sju.
De knackar på dörren.

Anna: Hej! Välkomna! Stig in!
Hans-Erik: Hej! Det här är min kompis, Lars.
Anna: Hej, Lars! Trevligt att träffas! Du är välkommen!

Lars ger Anna en bukett blommor.

Anna: Vad snällt! Tack ska du ha!
Kom in och träffa de andra gästerna!

Nouns:

en fest	*a party*
en dörr	*a door*
en kompis	*a friend*
en bukett	*a bouquet*
en blomma	*a flower*
en gäst	*a guest*
komma in	*to come inside*
träffa	*to meet*

Verbs:

ska	*[indicates future]*
gå	*to attend, to go*
komma fram	*to arrive*
stiga in	*to enter*
ge	*to give*

Phrases:

precis klockan sju	*Exactly at seven o'clock.*
Det här är	*This is*
Vad snällt!	*How nice (of you)!*
de andra gästerna	*The other guests*

Culture Note: It is considered polite to bring a small gift, such as a bouquet of flowers or a box of chocolates when visiting someone's home.

ABOUT NOUNS

Nouns come in four forms:
1. indefinite singular [a house]
2. definite singular [the house]
3. indefinite plural [houses]
4. definite plural [the houses].

In Swedish, the definite article is a *suffix*, not a separate word as in English: **huset** = *the house*. The Swedish Academy has classified the nouns into 7 groups:

Group One

These nouns typically end in **–a**. The plural ends in **–or**.

en flicka	**flickan**	**flickor**	**flickorna**
a girl	*the girl*	*girls*	*the girls*
en blomma	**blomman**	**blommor**	**blommorna**
a flower	*the flower*	*flowers*	*the flowers*

Group Two

This group is the largest group. The plural ends in **–ar**.

en pojke	**pojken**	**pojkar**	**pojkarna**
a boy	*the boy*	*boys*	*the boys*
en hund	**hunden**	**hundar**	**hundarna**
a dog	*the dog*	*dogs*	*the dogs*

Group Three

This group is a category for borrowed words from German, French and Latin. The plural ends in **–er**.

en stad	**staden**	**städer**	**städerna**
a city	*the city*	*cities*	*the cities*
en nation	**nationen**	**nationer**	**nationerna**
a nation	*the nation*	*nations*	*the nations*

Group Four

This group has nouns ending in a vowel. The plural adds an **–r**.

en tå	**tån**	**tår**	**tårna**
a toe	*the toe*	*toes*	*the toes*
en bakelse	**bakelsen**	**bakelser**	**bakelserna**
a baked good	*the baked good*	*baked goods*	*the baked goods*

Group Five

These nouns are **ett**-nouns ending in a vowel. The plural adds an **–n**.

ett äpple	**äpplet**	**äpplen**	**äpplena**
an apple	*the apple*	*apples*	*the apples*
ett yrke	**yrket**	**yrken**	**yrkena**
a profession	*the profession*	*professions*	*the professions*

Group Six

These nouns are **ett**-nouns ending in a consonant. Their plural forms have no ending. The definite plural forms can be confused with the singular form for an **en**-noun, so be careful!

ett hus	**huset**	**hus**	**husen**
a house	*the house*	*houses*	*the houses*
ett jobb	**jobbet**	**jobb**	**jobben**
a job	*the job*	*jobs*	*the jobs*

Group Seven.

These nouns are all recent borrowings (within the last 50 years). They take the **–s** plural from English.

en container	**containern**	**containers**	**containersen**
a container	*the container*	*containers*	*the containers*

Some of these only exist in the plural:

		pickels	**pickelsen**
		pickles	*the pickles*
		jeans	**jeansen**
		jeans	*the jeans*

Try it yourself!

Change the indefinite (like "a" in English) to definite (like "the").

en flicka   <u>flickan</u>   ett hus   _____

en hund   _____   ett barn   _____

en gäst   _____   en blomma   _____

en nation   _____   ett land   _____

en katt   _____   en fågel   _____

en bok   _____   ett jobb   _____

Change the indefinite plural to the definite plural.

blommor   <u>blommorna</u>   städer   _____

jeans   _____   katter   _____

systrar   _____   hus   _____

yrken   _____   fruar   _____

kvinnor   _____   böcker   _____

pickels   _____   containers   _____

Try it out! Fill in the chart!

singular: indefinite	definite	plural: indefinite	definite
en blomma	_____	blommor	_____
_____	pojken	_____	pojkarna
_____	staden	_____	städerna
en sko	_____	_____	skorna
ett äpple	_____	_____	äplena
ett barn	_____	barn	_____
x	x	jeans	_____

Here's another chart to fill in, in case you want more practice!

_____	kvinnan	_____	_____
_____	_____	_____	hundarna
ett land	_____	länder	_____
_____	tån	_____	tårna
_____	yrket	_____	_____
ett troll	_____	troll	_____
x	x	pickels	_____

What are the Swedish forms for the following expressions?

a sister	a country	a book
the trolls	the houses	the sisters
women	professions	jeans
books	newspapers	cats
a dog	the dog	flowers
an apple	the city	the cities
a nation	the job	baked goods
the girl	the boy	the man
a bouquet	the rooms	the birds
jobs	apples	the guests

Hur säger man det på svenska? *(How do you say it in Swedish?)*

1. My name is Hans-Erik.

2. Do you live in Seattle?

3. Which languages do you speak?

4. Do you like cats and dogs?

5. I want to learn Swedish.

6. Sweden is a beautiful country.

7. I like music (**musik**) and books.

8. It's a good way to learn Swedish.

9. He comes from the United States.

10. Nice to meet you!

Frågor och svar. *(Questions and Answers)*
Skriv ditt svar på svenska. Write your answer in Swedish.

1. Är Sverige ett vackert land?

2. Bor du i en stad?

3. Läser du gärna böcker?

4. Tycker du om katter?

5. Går du ofta på fest? (**ofta** = *often*)

6. Tycker du om musik?

Skriv en dialog. *(Write a dialog)*

You are entering a Swedish home. What does the host say? What do you say?

VOCABULARY

EN-NOUNS
amerikan /-er	*American*
bakelse /-r	*baked good*
container /-s	*container*
dialog /-er	*dialog*
dörr /-ar	*door*
fest /-er	*party*
flicka/-or	*girl*
fru /-ar	*lady, wife*
fågel / fåglar	*bird*
gång /-er	*time*
gäst /-er	*guest*
hund /-ar	*dog*
katt /-er	*cat*
kompis /-ar	*friend, pal*
kvinna /-or	*woman*
man / män	*man, husband*
nation /-er	*nation*
stad / städer	*city*
svensk /-ar	*Swede*
tå /-r	*toe*
vecka /-or	*week*

ETT-NOUNS
barn / -	*child*
hus /-	*house*
jobb /-	*job*
land / länder	*country*
party /-	*party*
språk /-	*language*
troll / -	*troll*
yrke /-n	*profession*
äpple /-n	*apple*

VERBS

bo /-r	live / inhabit
ge /-r	give
gissa /-r	guess
gå /-r	walk, attend
ha /-r	have
ha rätt	be right [**ha fel** = be wrong]
heta /-er	be called
komma /-er	come [**komma fram** = arrive]
läsa/-er	read
skriva /-er	write
stiga /-er	climb [**Stig in!** = Enter!]
tala /-r	speak [a language]
träffa /-er	meet [**Trevligt att träffas!** = Nice to meet you!]
vara / är	be

ADJECTIVES

ingen	**inget**	**inga**	no /none
snäll	**snällt**	**snälla**	nice / kind
vacker	**vackert**	**vackra**	beautiful / pretty / handsome
välkommen	**välkommet**	**välkomna**	welcomed

ADVERBS

ofta	often

PREPOSITIONS

fram	[indicates arrival]
i	in
in	in
på	on / upon

QUESTION WORDS

hur	*how* (asking how to do something)
vad	*what* (can be used as an exclamation: [**Vad trevligt!** = *How nice!*])
var	*where*
varför	*why*
vem	*who*

Lite Läsning
(A Little Reading)

Sverige är ett vackert land. I Sverige talar man svenska. Många svenskar talar också engelska, finska, samiska eller arabiska. Vill du lära dig svenska? Då måste du tala svenska så mycket som möjligt! Svenska är ett vackert språk. Jag tycker om att tala svenska. Jag tycker om att läsa svenska böcker och se på svensk tv. Det är ett bra sätt att lära sig svenska.

---

man	*people*
många	*many*
också	*also*
finska	*Finnish*
samiska	*the Sami [Lapp] language*
arabiska	*Arabic*
vill du lära dig	*do you want to*
måste	*must*
så mycket som möjligt	*as much as possible*
en bok/böcker	*books*
tv	*TV*
ett bra sätt	*a good way*

CHAPTER TWO

Om min familj / About my Family

Dialog 1

Tant Elly:	Hej, Mark! Välkommen! Stig in!
Mark:	Tack! Trevligt att träffas personligen, tant Elly. Min mor har pratat mycket om dig.
Tant Elly:	Hon har skrivit mycket om dig, också. Skönt att se dig ansikte mot ansikte. Trivs du i Sverige?
Mark:	Visst. Sverige är ett vackert land.
Tant Elly:	Varsågod och sätt dig. Vill du ha något att dricka?
Mark:	Tack, gärna.
Tant Elly:	En kopp kaffe kanske?
Mark:	Fint, tack.

Tant Elly går in i köket. Mark ser sig omkring. Han ser ett stort foto. Tant Elly kommer tillbaka med kaffet och ser vad han tittar på.

Tant Elly:	Det är ett foto som togs vid vårt bröllop. Det är min man Tor-Erik, som dog för tre år sen.
Mark:	Mamma har pratat mycket om morbror Tor-Erik också.

---

prata/skriva om någon	to talk/write about someone
ansikte mot ansikte	face to face
trivs du i Sverige?	Do you like being in Sweden? Do you feel at home in Sweden?
gå in i köket	walk into the kitchen
se sig omkring	to look around
komma tillbaka	to return
titta på	look at
vårt bröllop	our wedding
som dog för tre år sedan	who died three years ago

Dialog 2

Mark tar fram sin dator.

Mark:	Vill du titta på lite foton?
Tant Elly:	Hemskt gärna!
Mark:	Här ser du mamma framför huset. Hon klippar rosorna.
Tant Elly:	Vad glad hon är!
Mark:	Och här ser du min lilla syster Amelia som dansar balett.
Tant Elly:	Så söt hon är!
Mark:	Och här ser du pappa som sitter i soffan och läser tidningen. Han tycker inte om att bli fotograferad.
Tant Elly:	Det har han aldrig gjort. Jag kunde inte heller ta ett bra kort på honom när jag var och besökte dina föräldrar i USA för många år sen.
Mark:	Och här ser du mig tillsammans med min hund Spike.
Tant Elly:	Vilken fin hund!
Mark:	Och min syster med sin katt. Katten heter Fröken. "Little Miss" på engelska.

---

ta fram sin dator	*take out his computer*
hemskt	*terribly*
klippa rosor	*trim the roses*
min lilla syster	*my little sister*
söt	*sweet, cute*
sitta i soffan	*sit on the sofa*
att bli fotograferad	*to be photographed*
det har han aldrig gjort	*he never did (like that)*
kunde inte heller ta ett kort	*could not take a picture either*
när jag var och besökte	*when I was visiting*
dina föräldrar	*your parents*
tillsammans med	*(together) with*

The Family — Familjen

All family words are En-nouns.

en mor	modern	mödrar	mödrarna	*mother*
en far	fadern	fäder	fädrarna	*father*
en bror	brodern	bröder	brödrarna	*brother*
en syster	systern	systrar	systrarna	*sister*
en son	sonen	söner	sönerna	*son*
en dotter	dottern	döttrar	döttrarna	*daughter*

A big brother is a **store bror**. A little brother is **lille bror**.
A big sister is **stora syster**. A little sister is **lilla syster**.

Paternal relatives take the word **far** in front of the basic noun: **far**far, **far**mor, **far**bror and **fa**ster (the "r" drops out for ease in pronunciation).

Maternal relatives take the word **mor** in front of the basic noun: **mor**far, **mor**mor, **mor**bror, **mo**ster (the "r" drops out for ease in pronunciation).

The word for *niece* or *nephew* is made by putting **syster** or **bror** in front of **barn**, **son** or **dotter**: **syster**son, **bror**son, etc. The generic term is **syskonbarn** (*sibling child*).

A grandchild is designated in a similar manner: **dotterson**, **sonson**. The generic term is **barnbarn** (*child's child*).

PRONOUNS

Object Pronouns

Swedish, like English, has object forms for pronouns:

mig (pronounced [may])	*me*
dig (pronounced [day])	*you* (singular)
honom	*him*
henne	*her*
den	*it*

det	*it*
oss	*us*
er	*you* (plural)
dem (pronounced [dom])	*them*

For third person there is also the reflexive **sig** (pronounced [say]). More on reflexives to come, but for now be aware it exists.

Try it out!

1. Han ser _____ (me).

2. Vi ser _____ (you, plural)

3. Hon ser _____ (him).

4. Jag ser _____ (her).

5. Vi ser _____ (it, en).

6. _____ ser vi. (it, ett).

7. _____ ser jag. (her)

8. Ser du _____? (me)

Possessive Pronouns

Swedish, like English, has possessive pronouns. These may change according to the following noun and reflect neuter and plural.

En-noun	Ett-noun	Plural	
min	mitt	mina	*my*
din	ditt	dina	*your*
hans	hans	hans	*his*
hennes	hennes	hennes	*hers*
dess	dess	dess	*its*

sin	sitt	sina	(replaces **hans, hennes** or **dess** when reflexive)
vår	vårt	våra	*our*
er	ert	era	*your* (plural)
deras	deras	deras	*their*
sin	sitt	sina	(replaces **deras** when reflexive)

Try it out!

Use **min, mitt** or **mina** for the following nouns to say "my house, my car" etc.

____ bil   ____ moster   ____ rosor

____ hus   ____ foto   ____ tidningar

____ barn   ____ föräldrar ____ katt

Use the English possessive as a clue to fill in the blank (in this exercise there are no reflexives).

1. ____ hus är stort. (*his*)

2. ____ rosor är fina. (*her*)

3. ____ foto är fint. (*your*, singular)

4. ____ familj är stor. (*their*)

5. ____ tidningar är intressanta. (*his*)

6. ____ hundar är små. (*your*, plural)

Reflexive Possessives

In English, the possessive pronouns *his*, *hers*, *its*, *theirs*, are independent of whether the subject or a third party "owns" the object.

In Swedish, **sin, sitt** and **sina** replace **hans, hennes, dess** and **deras** when the subject is the "owner" of the object. The use of these reflexive pronouns reflects the ownership relationship of the object to the subject.

Compare the relationship between subject and object in these sets of sentences.

Marks dator är liten.	*Mark's computer is small.*
Hans dator är liten.	*His computer is small.*
Mark tar ut sin dator.	*Mark takes out his (own) computer.*
Mark tar ut hans (Lars') dator.	*Mark takes out his (Lars') computer*
Amelias katt heter Fröken.	*Amelia's cat is named Fröken.*
Hennes katt heter Fröken.	*Her cat is named Fröken.*
Amelia klappar sin katt.	*Amelia pets her (own) cat*
Amelia klappar hennes (Emmas) katt.	*Amelia pets her (Emma's) cat.*
Erik ser sin fru.	*Erik sees his (own) wife.*
Erik ser hans fru.	*Erik sees his (another person's) wife.*
De målar sitt hus.	*They're painting their (own) house.*
De målar deras hus.	*They're painting their (someone else's) house.*

Try it out!

Use either **hans, hennes, deras** OR **sin, sitt, sina,** depending on the meaning of the sentence!

1. Amelia klappar _____ katt. (her own)

2. Mark ser _____ foto. (her)

3. Anna och Nadja målar _____ hus. (their – someone else's)

4. Tant Elly målar _____ hus. (her own)

5. Mark sköter _____ hund. (his own)

6. Mark sköter _____ hund. (his – the neighbor's)

7. Tant Elly tittar på _____ bröllopsfoto. (her own)

8. Tant Elly ser på _____ foton. (Mark's)

9. _____ dator är liten. (Mark's)

10. _____ katt är stor. (Amelia's)

11. _____ hus är fint. (Their)

12. De vill sälja (sell) _____ hus. (their own)

Frågor och svar.

1. Hur många människor finns det i din familj?

2. Har du något husdjur? (**husdjur** = *pet*)

3. Kan du dansa ballet eller salsa?

4. Tycker du om att fotografera?

5. Tycker du om att jobba i trädgården?

6. Vad vill du få som present?

Skriv en dialog.

You are visiting your Swedish aunt for the first time. You are showing her some photos of your family.

VOCABULARY

EN-NOUNS

bror / bröder	*brother*
dotter / döttrar	*daughter*
far / fädrar	*father*
förälder / föräldrar	*parent*
mamma / -or	*mom*
mor / mödrar	*mother*
pappa / -or	*dad*
ros / -or	*rose*
sofa / -or	*sofa, couch*
son / söner	*son*
syster / systrar	*sister*
tidning /-ar	*newspaper or magazine*
trädgård /-ar	*garden*

ETT-NOUNS

bröllop /-	*wedding*
foto / -	*photo*
husdjur / -	*pet*
kök / -	*kitchen*

VERBS

besöka	*to visit* (can also mean visit a country)
dansa	*to dance*
fotografera	*to take pictures, to photograph*
hälsa på	*to visit* (less formal)
jobba	*to work*
klippa /-er	*to trim*
kunde	*could*
prata	*to talk*
se	*to see*
sitta /-er	*to sit*
skriva /-er	*to write*
sköta /-er	*take care of*

syssla		putter around, be busy with	
ta		take	
titta på		look at	
tycka /-er om		like, enjoy doing	

ADJECTIVES

glad	**glatt**	**glada**	*happy*
intressant	**intressant**	**intressanta**	*interesting*
liten	**litet**	**små**	*little*
söt	**sött**	**söta**	*sweet, cute*

ADVERBS

personligen	*in person*
gärna	*willingly, gladly, "Sure."*
hemskt	*terribly, "Very much."*

PREPOSITIONS

framför	*in front of*
för [time expression] **sen**	*[time expression] ago*
i	*in, into*
in	*in*
med	*with*
omkring	*around*
tillbaka	*back*
ut	*out*
vid	*at*

Lite läsning

Om min familj

Jag vill berätta lite om min familj. Min familj är inte så stor. Det finns bara fyra människor : mina föräldrar, min syster och jag. Vi bor i ett hus i stan och vi trivs bra där. Min far tycker om att fotografera och min mor tycker om att syssla i trädgården. Min syster går i skolan och efter skolan går hon och dansar ballet. Vi har två husdjur : en hund och en katt. Jag sköter hunden och min syster sköter katten. Min syster är bara 10 år gammal och tycker att hon skulle få en ponny till jul.

---

i stan	*in the city*
syssla med	*be busy with*
gå i skolan	*attend school*
sköta	*to take care of someone or something*
hon skulle få en ponny	*she should get a pony*
till jul	*for Christmas*

CHAPTER THREE / KAPITEL TRE

Svenskarna tycker om att dricka kaffe / Swedes Love Drinking Coffee

Dialog 1

Mark:	Hej Anna! Trevligt att ses igen!
Anna:	Hej, hej! Hur går det?
Mark:	Bara bra. Har du tid att fika?
Anna:	Ja, det har jag! Jag är kaffesugen och lite hungrig.
Mark:	Jag med. Där ser jag ett konditori.
Anna:	Det är ett mysigt konditori med goda bullar och tårtor.
Mark:	Jag vill ha lite mer mat.
Anna:	Det finns också fina smörgåsar. Räksmörgåsar och ostsmörgåsar. Är du vegetarian? Någonstans i närheten finns det ett vegan café.
Mark:	Det behövs inte. Jag äter allt.
Anna:	Okej då! Vi går in!

---

svenskarna	the Swedes
ses igen	literally: *seeing again*
Trevligt att ses igen.	Nice to see you again.
Hur går det?	What's up? What's going on? (Lit: *How goes it?*).
fika	to go for coffee and something to eat
kaffesugen	to need some coffee
lite	a little
hungrig	hungry
Jag med	me, too
ett konditori	a place where coffee and baked goods are served
mysig	pleasant and comfortable

en bulle	*bun, Swedish coffee bread in roll form* (served with coffee and often flavored with cinnamon or cardamom and sprinkled with pearl sugar)
en tårta	*cake*
mat	*food*
en smörgås	*Swedish-style open-faced sandwich*
räkor	*shrimp*
ost	*cheese*
vegetarian	*vegetarian*
någonstans i närheten	*somewhere in the vicinity*
vegan	*vegan*
ett café	*café in a bistro style*
Det behövs inte.	*That's not necessary.*
äta	*to eat*

Dialog 2

Expediten:	Hej!
Anna:	Hej.
Mark:	Hej.
Anna:	Vad vill du ha, Mark?
Mark:	En skinksmörgås och en kopp kaffe.
Anna:	Okej. (Till expediten). Vi tar en räksmörgås, en skinksmörgås och två koppar kaffe.
Expediten:	Det blir nittio kronor, tack.
Anna:	Varsågod.
Expediten:	Tack. 10 kronor tillbaka. Varsågod.
Anna:	Tack. Förresten, ingår påtår?
Expediten:	Nej, tyvärr, påtår kostar 7 kronor.
Anna:	Tack.
Mark:	Vad betyder "påtår"?
Anna:	Det betyder att man får en kopp kaffe till efter man har druckit den första koppen.
Mark:	Konstigt. Vi får alltid gratis påtår hos oss.
Anna:	Andra länder, andra seder.

skinka	*ham*
nittio	*ninety*
varsågod	*used whenever handing anything to nybody. (Lit: be so kind)*
ingå	*Is .... Included?*
påtår	*additional cups of coffee*
betyda	*to mean*
konstig	*strange*
en kopp till	*another cup*
dricka	*to drink*
den första	*the first*
hos oss	*at our place / in our country*
en sed	*a custom*

NUMBERS BEYOND TWENTY

tjugoett / tjugoen	21
tjugotvå	22
tjugotre	23
tjugofyra	24
tjugofem	25
tjugosex	26
tjugosju	27
tjugoåtta	28
tjugonio	29
trettio	30
fyrtio	40
femtio	50
sextio	60
sjuttio	70
åttio	80
nittio	90
hundra	100
hundraett /-en	101
hundratvå	102
tusen	1000

When numbers are written out in Swedish, they are written as one long word with no spaces.

The American way of saying "one hundred" is not used in Swedish. Just say "hundra."

> Years prior to 2000 are said as two groups, for example: "nittonhundrafemtioåtta."
>
> 2000 is said "tvåtusen."
>
> 2011 is said "tvåtusenelva."

There is no preposition used with years.

Jag är född 1965.	*I was born in 1965.*
Vi åkte till USA 1989.	*We went to the US in 1989.*
Kerstin och Olle gifte sig 1999.	*Kerstin and Olle got married in 1999.*
Farfars bror Sven dog 2010.	*Great-uncle Sven died in 2010.*
Palme mördades 1986.	*Palme was murdered in 1986.*

Try it out!

<u>Berätta om de viktiga åren i ditt liv!</u>
Tell about the important years in your life.

Use of MAN

Man does not necessarily mean a *man* or a *husband*. The word can also mean "anybody at all" and is used like "one" in British English, "on" in French or "man" in German. American usage is different. We tend to say "you" or "people."

Man talar svenska i Sverige.	*You speak Swedish in Sweden. People speak Swedish in Sweden.*
Man ska akta sig.	*You should be careful. People ought to be careful.*
Man dricker kaffe på ett konditori.	*You / People drink coffee at a Swedish bakery.*

MORE ABOUT VERBS

Verbs tell the action in past, present and future.

Although Swedish verbs do not conjugate for person, they can change substantially in different tenses.

The Tenses

The *infinitive* (the "dictionary form") is the form which is not colored by tense. It is the form you find when looking up a verb (**tala** = *to speak*).

Jag talar is the *present* tense. The *past* tense, **jag talade,** is used to tell about events that have already taken place.

The *present perfect* and the *past perfect* tell about events that are prior to the present or prior to the past. Example: **Jag har talat.** *I have talked.* **Jag hade talat.** *I had talked.* The form "talat" is called the *supine form*.

Some Examples

Some of the most basic verbs are also the most "irregular," which means that they do not follow the standard pattern. (We will discuss the standard pattern in the next chapter.)

Infinitive	Present	Past	Supine
dricka	**dricker**	**drack**	**druckit**
to drink	*drink(s)*	*drank*	*drunk*
finnas	**finns**	**fanns**	**funnits**
to exist /to be	*there is /are*	*there was/were*	*there has/ had been*
få	**får**	**fick**	**fått**
to get / receive	*get(s)*	*got*	*gotten*
gå	**går**	**gick**	**gått**
to go	*go(es)*	*went*	*gone*
göra	**gör**	**gjorde**	**gjort**
to do	*do(es)*	*did*	*done*
ha	**har**	**hade**	**haft**
have	*have / has*	*had*	*had*
ta	**tar**	**tog**	**tagit**
to take	*take(s)*	*took*	*taken*
äta	**äter**	**åt**	**ätit**
to eat	*eat (s)*	*ate*	*eaten*

Modal Verbs and How to Use Them

Modal verbs are also called "helping verbs." They are used to give a shade of meaning to a verb, but do not change the verb's tense. Instead, they use the infinitive of the verb. These work the same way in English and Swedish.

Jag **behöver** tala svenska.	I *need* to speak Swedish.
Jag **får** tala svenska.	I'm *allowed* to speak Swedish.
Jag **kan** tala svenska.	I *can* speak / *know how* to speak Swedish.
Jag **kommer att** tala svenska.	I am *going* to speak Swedish.
Jag **måste** tala svenska.	I *have* to speak / *must* speak Swedish.
Jag **ska** tala svenska.	I *will* speak Swedish.
Jag **vill** tala svenska.	I *want* to speak Swedish.

Try it out!

<u>Vad betyder det? På svenska.</u> <u>På engelska.</u>
What does it mean? In Swedish. *In English.*

1. Jag kan tala franska. = _____

2. Jag ska åka till Frankrike. = _____

3. Erik måste lära sig tyska. = _____

4. Jag kommer att resa (*travel*) till Sverige. = _____

5. Vi ska äta på konditori. = _____

6. Jag vill lära mig spela fiol (*play the violin*). = _____

7. Kan du dansa? = _____

Frågor och svar.

1. Vilka språk kan du tala?

2. Kan du dansa eller sjunga?

3. Vad ska du göra nästa år (*next year*)?

4. Dricker du ofta kaffe?

5. Får du äta skaldjur (*shellfish*)?

6. Tycker du om svenska smörgåsar?

Skriv en dialog.

Du går in i ett konditori. Vad beställer du? Hur mycket kostar det? Får du gratis påtår eller får du betala?

VOCABULARY

EN-NOUNS
bulle /-ar	*Swedish coffee bread in roll form*
expedit /-er	*salesperson, person at the counter*
läsk	*soda pop*
kopp /-ar	*cup*
maten	*food*
ost /-ar	*cheese*
räka /-or	*shrimp*
skinka /-or	*ham*
sed / -er	*custom, tradition*
smörgås /-ar	*sandwich* (Swedish style, open-faced)

ETT-NOUNS
café/-er	*café*
kaffe (kaffet)	*coffee*
konditori /-er	*Swedish-style café*
té (téet)	*tea*

VERBS
behöva /-er	*to need, to have need for, to have to*
betyda /-er	*to mean*
bli	*to become* [**Det blir** = *That'll be...*]
dricka /-er	*to drink*
fika	*to go out and have coffee*
finnas	*to exist, there is / are*
få	*to receive, to get to, to be allowed to*
göra	*to do*
ingå	*to be included* (in the price)
komma att	*going to*
kosta	*to cost*
måste	*must*
resa /-er	*travel*
ska	*shall / will, the modal verb for the future*

sjunga /-er	*to sing*		
spela	*to play* (an instrument)		
ta	*to take*		
vilja	*to want to*		
(present tense **vill**)			
äta /-er	*to eat*		

ADJECTIVES

hungrig	**hungrigt**	**hungriga**	*hungry*
konstig	**konstigt**	**konstiga**	*strange*
mysig	**mysigt**	**mysiga**	*pleasant and comfortable*
varsågod	[no form]	**varsågoda**	*be so kind*

ADVERBS

aldrig	*never*
alltid	*always*
den andra	*the second*
den första	*the first*
konstigt	*strange*
ofta	*often*

PHRASES

Det behövs inte.	*That's not necessary.*
en kopp kaffe	*a (one) cup of coffee*
en kopp till	*another cup* (of coffee)
gratis	*free, no additional price*
hos oss	*at our place / in our country*
kaffesugen	*needing a cup of coffee*
nästa år	*next year*
tack för maten	*Thank you for the meal.*

Lite läsning

Att fika

Svenskarna dricker mycket kaffe. De tycker om att gå ut och dricka kaffe tillsammans. Det heter "fika" på svenska. Man brukar äta en smörgås eller en bulle och dricka en kopp kaffe på ett konditori. Där finns det smörgåsar, bullar och tårtor som man kan välja på. Om man vill dricka mer än en kopp, behöver man betala extra pengar för den. På svenska heter den andra koppen "påtår." Man kan fika hemma eller på jobbet också. Att fika tillsammans är ett sätt att trivas tillsammans. Om man inte tycker om kaffe, ska man inte oroa sig! Det finns också té och läsk.

---

fika	*drink coffee*
tillsammans	*together*
bruka	*to do something as a habit*
välja på	*choose from*
mer än en	*more than one*
betala	*pay*
pengar	*money*
hemma	*at home*
på jobbet	*at work*
ett sätt att trivas tillsammans	*a way to enjoy each other's company*
oroa sig	*be worried*
té	*tea*
läsk	*soda pop*

KAPITEL FYRA

I skogen / In the forest

Dialog 1

Anna ringer till Hans-Erik.

Hans-Erik:	Erik.
Anna:	Hej Erik! Det är Anna. Jag undrar om du vill gå på bio ikväll.
Hans-Erik:	Tyvärr är jag upptagen, men kanske kan vi träffas på lördag istället.
Anna:	Oj då, det går inte. Jag ska gå på orientering tillsammans med Mark, kompisen från USA. Han har aldrig orienterat förr. Men...kanske vill du följa med? Jag tar med kaffe och smörgåsar och det ska bli fint väder, sägs det.
Hans-Erik:	Det låter bra. Det är alltid fint att vandra i skogen på hösten. Kanske kommer vi att se vilddjur till och med.
Anna:	Bara inga vildsvin. Jag är rädd för dem.
Hans-Erik:	De är farliga djur. Man måste akta sig för dem. Men det skulle vara roligt att se rådjur.
Anna:	Själv tycker jag att ekorrar är söta.

---

undra	to wonder
gå på bio	go to the movies
ikväll	this evening
på lördag	on Saturday
tyvärr	unfortunately
upptagen	busy
oj då	oops, uff da (if you know Norwegian)
orientering	orienteering
följa med	come with
det ska bli fint väder	the weather will be great
sägs det	they say

det låter bra	that sounds good
vandra	to hike, wander
i skogen	in the forest
på hösten	in fall/autumn
vilddjur	wild animals
till och med	even, in addition
vildsvin	boar
rädd för	afraid of
farlig	dangerous
akta sig för	watch out for
roligt att se	fun to see
rådjur	deer
själv tycker jag att	as for me, I think that
ekorrar	squirrels (European red)

Dialog 2

Hans-Erik, Anna och Mark träffas vid parkeringsplatsen. De har tjocka ytterkläder på sig. Det är sent i oktober och vädret är kallt, men solen skiner.

Hans-Erik: Hej på er!
Mark: Hej på dig!
Anna: Hejsan! Vad jag tycker om att vara ute i en björkskog!
Hans-Erik: Gruppen står därborta. Det är snart dags att börja. Vi måste registrera oss. Har du kartan, Anna?
Anna: Absolut. Och kompass har jag också.

De registrerar sig och får instruktionerna. Nu är det dags att springa iväg!

Anna: Vi behöver inte springa så snabbt.
Mark: Om vi vill vinna, måste vi nog springa fort!
Hans-Erik: Det är bättre att ta det lungt och njuta av att vara i skogen!

---

solen skiner	the sun is shining
snart	soon
ytterkläder	outerwear
björkskog	birch forest

dags att börja	*time to start*
registrera sig	*to register* (for an event)
en karta	*map*
absolut	*absolutely*
en kompass	*compass*
en instruktion	*instruction*
springa	*to run*
snabbt	*quickly*
vinna	*to win*
fort	*fast*
det är bättre	*it's better*
ta det lungt	*take it easy*
njuta av	*enjoy*

REGULAR WEAK VERBS AND THEIR THREE GROUPS

Weak verbs are those verbs which take an ending to show changes of tense. This ending is a "d" or "t" sound (dental consonant). We do this in English too: *walk* changes to *walked* (pronounced *walkt*).

There are three different classes of weak verbs:

Class I. These verbs take **–ade** in the past.

tala	talar	talade	talat
arbeta	arbetar	arbetade	arbetat
jobba	jobbar	jobbade	jobbat

Class II a. These verbs take **–de** in the past.

lära	lär	lärde	lärt
köra	kör	körde	kört

Class II b. These verbs have a voiceless consonant and take **–te** in the past for pronunciation reasons.

läsa	läser	läste	läst
åka	åker	åkte	åkt

Class III. These verbs have an infinitive which ends in a vowel other than "a." They take – **dde** in the past.

sy	syr	sydde	sytt
bo	bor	bodde	bott
tro	tror	trodde	trott

Compare:

Jag **talar** svenska.	I speak Swedish.
Jag **talade** svenska.	I spoke Swedish.
Jag **har talat** svenska.	I have spoken Swedish.
Jag **hade talat** svenska.	I had spoken Swedish.

Anna **läser** en bok.	Anna reads a book.
Anna **läste** en bok.	Anna read a book.
Anna **har läst** en bok.	Anna has read a book.
Anna **hade läst** en bok.	Anna had read a book.

Jag **syr** en klänning.	I sew a dress.
Jag **sydde** en klänning.	I sewed a dress.
Jag **har sytt** en klänning.	I have sewn a dress.
Jag **hade sytt** en klänning.	I had sewn a dress.

Try it out!

Fill in the past, present perfect and past perfect in the sentences below. The present tense is given for each sentence.

1. Jag arbetar hemma.

   Jag _____ hemma.

   Jag _____ _____ hemma.

   Jag _____ _____ hemma.

2. Anna läser en intressant bok.

　　　　Anna _____ en intressant bok.

　　　　Anna _____ _____ en intressant bok.

　　　　Anna _____ _____ en intressant bok.

3. Farfar tror på Gud.

　　　　Farfar _____ på Gud.

　　　　Farfar _____ _____ på Gud.

　　　　Farfar _____ _____ på Gud.

4. Lars talar spanska.
　　　　Lars _____ spanska.

　　　　Lars _____ _____ spanska.

　　　　Lars _____ _____ spanska.

5. Karl och Berit bor i Göteborg.

　　　　Karl och Berit _____ i Göteborg.

　　　　Karl och Berit _____ _____ i Göteborg.

　　　　Karl och Berit _____ _____ i Göteborg.

6. Vi åker till Malmö.

　　　　Vi _____ till Malmö.

　　　　Vi _____ _____ till Malmö.

Vi _____ _____ till Malmö.

7. Kalle kör bilen hem.

    Kalle _____ bilen hem.

    Kalle _____ _____ bilen hem.

    Kalle _____ _____ bilen hem.

8. Var jobbar du?

    Var _____ du?

    Var ____ du _____?

    Var _____ du _____?

Fill in the chart with the right verb form!

Infinitive	Present	Past	Supine
arbeta	arbetar	arbetade	arbetat
bo	_____	_____	_____
läsa	_____	_____	_____
köra	_____	_____	_____
dansa	_____	_____	_____
tro	_____	_____	_____
åka	_____	_____	_____

IRREGULAR WEAK VERBS

Some weak verbs are called Irregular because they have odd spellings or changes. They still have a dental (**-d** or **-t**), which puts them in the weak category.

Here are some common Irregular Weak Verbs:

Infinitive	Present	Past	Supine	English
bringa	**bringer**	**bragte**	**bragt**	*to bring*
göra	**gör**	**gjorde**	**gjort**	*to do*
ha	**har**	**hade**	**haft**	*to have*
heta	**heter**	**hette**	**hetat**	*to be called*
säga	**säger**	**sa**	**sagt**	*to say*
veta	**vet**	**visste**	**vetat**	*to know (a fact)*

Try it Out!

Vad betyder det på engelska? Skriv den engelska satsen (write the sentence in English).

1. Vad heter kvinnan därborta (*over there*)?

2. Vad tycker du om att göra på helgen (*the weekend*)?

3. Vad sa du? Kan du säga det en gång till?

4. Vet du vad mannen därborta heter?

5. Visste du att Sverige är ett vackert land?

Try it out!

Fill in the chart with the right form

Fill in the chart with the right form!

Infinitive	Present	Past	Supine
bringa	bringar	bragte	bragt
veta	_____	_____	_____
heta	_____	_____	_____
säga	_____	_____	_____
göra	_____	_____	_____
ha	_____	_____	_____

Frågor och svar.

1. Har du åkt till Sverige någon gång?

2. Har du läst boken "Krig och Fred"?

3. Tycker du om att vandra i skogen?

4. Vilka djur kan man se i skogen? I stan?

5. Vad tycker du om att göra på helgen?

6. Tycker du at ekorrar är söta?

Skriv en dialog.

You want to meet up with friends to take a hike in the forest.

VOCABULARY

EN-NOUNS
björk	a birch
björn / -ar	bear
ekorre / ekorrar	(European red) squirrel
karta / -or	map
kompass /-er	compass
kväll / -ar	evening
freden	peace
grupp / -er	group
gud / -ar	god [**Gud** = God]
höst / -ar	autumn
orientering /-ar	orientation, orienteering
räv / -ar	fox
sjö /-ar	lake
skog / -ar	forest, woods
smörgås /-ar	sandwich
stan (staden)	the city
varg / -ar	wolf
ytterkläder [no singular]	outerwear
älg / -ar	European moose

ETT-NOUNS
djur / -	animal
krig	war
rådjur / -	deer
träd /-	tree
vildadjur / -	wild animal
vildsvin / -	boar, wild pigs

VERBS
akta sig	to watch out, be careful
behöva /-er	to need [**behöva inte** = don't have to]
börja	to begin
fiska	to fish

följa /-er	to follow
följa med	to come with
göra	to do
ha	to have
köra	to drive (a vehicle)
jaga	to hunt
låta	to sound
njuta /-er	to enjoy
registrera sig	to register (for an event)
springa /-er	to run
sy	to sew
säga /-er	to say
ta	to take
tro	to believe
undra	to wonder
vandra	to hike, wander
veta	to know
vinna /-er	to win
åka /-er	to travel, ride (in) a vehicle

ADJECTIVES

farlig	farligt	farliga	dangerous
rädd	[no form]	rädda	afraid
snabb	snabbt	snabba	quick

ADVERBS

fort	fast
snabbt	quickly

OTHER WORDS

mitt i	in the middle of
om	if
själv	self, oneself, myself, etc.
till och med	even, additionally

Lite läsning

Naturen

I Sverige tycker man mycket om att vara i naturen. Man njuter av den friska luften ute på vattnet eller i skogen. Många svenskar jagar och fiskar och folk äter gärna färskt vilt och fisk. En typisk svensk idrott är orientering. Man arrangerar orienteringstävlingar där man springer ute i naturen och försöker hitta rätt. De svenska skogarna kan vara farliga. Det finns björnar och vargar i norra Sverige, men dessa djur är inte så farliga som älgar och vildsvin! Man måste verkligen akta sig när man kör bil för att inte krocka med en älg. Vildsvin springer fort och kan angripa människor. De finns överallt i Sverige, även i södra Sverige. Vildsvin har till och med vandrat in i själva Stockholm!

---

naturen	*nature*
den friska luften	*the fresh air*
ute på vattnet	*out on the water*
idrott	*sport*
arrangera en tävling	*arrange a competition*
försöka hitta rätt	*try to find the right course or way*
dessa djur	*these animals*
krocka med	*crash into*
angripa	*to attack*
överallt	*everywhere*

KAPITEL FEM

Att handla i stan / Shopping in the City

Dialog 1

Anna och hennes vän Nadja är i stan och handlar. Det är snart jul och det finns många affärer som har julskyltat.

Anna:	Vad trevligt med alla julljus i fönstren.
Nadja:	Absolut! Det gör mörkret lättare att uthärda. Titta där! Vilken snygg röd klänning! Den ska jag prova. Den skulle passa bra till nyårsafton! Vad tycker du?
Anna:	Visst är den vacker. Vi har ingen brådska. Prova den då!

Anna och Nadja går in i klädesaffären.

Nadja:	Hej! Jag skulle gärna prova den där röda klänningen som visas i fönstret.
Expediten:	Vilken storlek?
Nadja:	Det beror på...jag är lite osäker...
Anna:	Du har gått ner i vikt. Prova en mindre.

Nadja provar klänningen. Det är rätt storlek.

Expediten:	Klänningen passar perfekt.
Nadja:	Ja, det gör den ju, men färgen passar inte så bra som jag trott.
Expideten:	Prova den gröna istället. Det är också en elegant färg.

Nadja provar den gröna klänningen.

Anna:	Du ser så fin ut!
Nadja:	Ja, den passar mig. Hur mycket kostar den?
Expediten:	850 (åttahundrafemtio) kronor.
Nadja:	Det är inte så farligt. Jag tar den, tack.

---

vän	*friend*
handla	*to go shopping*
snart	*soon*

jul	*Christmas*
julskyltat	*decorated for Christmas*
många	*many*
en affär /-er	*shop / store*
en klädesaffär /-er	*clothing shop / store*
julljus	*Christmas lights*
ett fönster (def. pl. fönstren)	*window*
mörkret	*dark / the dark time of year*
lättare	*easier*
uthärda	*to stand / endure*
snygg	*attractive*
röd	*red*
prova	*to try on*
passa	*to fit*
Vi har ingen brådska	*We are not in a hurry*
en klänning / -ar	*dress*
visas i	*is displayed in*
Det beror på.	*That depends.*
gå upp/ner i vikt	*to gain/lose weight*
rätt storlek	*correct size*
fin	*smart, fine, elegant*
grön	*green*
färg	*color*
verka	*to seem / to appear*
hundra	*hundred*
femtio	*fifty*
en krona	*a Swedish crown*
Det är inte så farligt.	*That's not bad at all.* (Idiomatic expression, literally: *It's not so dangerous*).

Dialog 2

Mark ska köpa en julklapp till Tant Elly, men han vet inte vad han ska köpa.
Han tittar i skyltfönstren.
Skulle Tant Elly tycka om choklad? Parfym? Nej, tycker han, ingen parfym.
Jag vet inte vilken doft som skulle passa henne.
En vas till blommor? Vad svårt det är att handla julklappar!
Mark går in i en hemslöjdsaffär.

Mark:	Hej.
Expediten:	Hej. Vad kan jag stå till tjänst med?
Mark:	Jag söker en present till en dam i sextioårsåldern.
Expediten:	Vi har många presenter som är tillverkade i Sverige. Samlar damen glas kanske? Vi har många vackra vaser i glas.
Mark:	Det tror jag inte.
Expediten:	Här finns det ljusstakar i trä eller tenn. Ljusstakar passar alltid bra under vintern. Det är mysigt med levande ljus.
Mark:	Det stämmer. Hur mycket kostar den där?
Expediten:	Den kostar 525 (femhundratjugofem) kronor.
Mark:	Oj då. Det är för dyrt.
Expediten:	Den här av trä kostar bara 250 (tvåhundrafemtio) kronor. Om du köper tre ljus så blir det bara 300 (trehundra) kronor tillsammans.
Mark:	Då tar jag den och de tre ljusen också, tack.
Expediten:	Vill du att jag ska slå in den i det här fina presentpappret? Det är gratis.
Mark:	Tack, gärna.

---

julklapp	*Christmas present*
veta	*to know a fact*
skyltfönster	*display window*
choklad	*chocolate*
parfym	*perfume*
nej	*no*
doft	*fragrance*

vas	*vase*
vad svårt	*how difficult*
hemslöjd	*traditional handicrafts*
Vad kan jag stå till tjänst med?	*How can I help you? (be of service)*
present / -er	*present*
tillverkade	*made*
vacker	*beautiful*
ljusstake / -ar	*candlestick*
trä	*wood*
tenn	*pewter*
mysig	*pleasant, comfortable*
levande ljus	*candles*
Det stämmer	*That's true.*
för dyrt	*too expensive*
slå in	*to wrap*
presentpapper	*gift wrap*
gratis	*free, no cost*

WORD ORDER IN SUBCLAUSES

Subclauses, which often begin with **som** (*that, who, which*), **att** (*that, as*), or **därför att** (*because*) have a slightly different word order than main clause sentences.

Inte (and other adverbs) come before the conjugated verb.

Present Perfect and Past Perfect verb tenses often drop the **har** or **hade**

Examples:

Jag tror att jag inte varit med om en finare jul. (har varit)
I believe I've never experienced a nicer Christmas.

Färgen passar inte så bra som jag trott. (har trott).
The color doesn't work as well as I'd thought.

Vädret —The Weather

Just like everyone else, Swedes talk about the weather quite a bit. **Väder** is an ett-noun and often only the pronoun "det" is used:

Vädret är bra.	*The weather is nice.*
Vädret är dåligt.	*The weather is bad.*
Vilket väder!	*What weather! (Can be bad or good).*
Det regnar.	*It's raining.*
Det snöar.	*It's snowing.*
Det blåser.	*It's windy.*
Det åskar.	*It's thunderstorming.*
Solen skiner.	*The sun is shining.*

Frågor och svar.

1. Hur är vädret idag (*today*) ?

2. Hur var vädret igår (*yesterday*) ?

3. Hur blir vädret imorgon (*tomorrow*) ?

4. Vilket väder tycker du bäst om?

5. Gillar du att åka skidor när det finns snö (*snow*)?

6. Gillar du att simma när solen skiner?

ADJECTIVES

Adjectives have three forms: a basic form used with **en**, a form used with **ett** (adding a **-t**) and form used with plural nouns (adding **-a**). The plural form is also used with double definites (described below) and possessives.

En	Ett	Plural	
fin	**fint**	**fina**	fine, nice
mysig	**mysigt**	**mysiga**	pleasant, comfortable
snäll	**snällt**	**snälla**	nice, kind
dyr	**dyrt**	**dyra**	expensive
billig	**billigt**	**billiga**	cheap
ny	**nytt**	**nya**	new
gammal	**gammalt**	**gamla**	old

Sometimes the basic adjective ends in **–t**. This means that the en and ett forms are identical.

En	Ett	Plural	
elegant	**elegant**	**eleganta**	elegant
intelligent	**intelligent**	**intelligenta**	intelligent
trött	**trött**	**trötta**	tired

The pronoun "det" always takes the ett-form of the adjective:

Det är fint. Det är dyrt. Det är elegant. Det är trevligt.

Definites

When an adjective is used with a definite noun, you need to add another definite pronoun. This is called a *double definite* (because you are using two ways to indicate "the"). Den här and det här mean "this." **Den där** and **det där** mean "that" and **de här** and **de där** mean "these" and "those," respectively.

den röda klänningen *the red dress*
den här gröna klänningen *this green dress*

det gula ljuset — *the yellow candle*
det där gula ljuset — *that yellow candle*

de eleganta affärrerna — *the elegant shops*
de där eleganta affärrerna — *those elegant shops*

de mysiga ljusen — *the pleasant candles*
de här mysiga ljusen — *these pleasant candles*

Possessives

When using a possessive, the plural adjective form is ALWAYS used:

min gröna klänning — *my green dress*
mitt mysiga hus — *my pleasant house*
mina trevliga barn — *my nice children*

din röda kjol — *your red skirt*
ditt gula förkläden — *your yellow apron*
dina bruna skor — *your brown shoes*

Färger — *Colors*

svart	svart	svarta	black
vit	vitt	vita	white
grå	grått	grå	grey
blå	blått	blå	blue
gul	gult	gula	yellow
röd	rött	röda	red
grön	grönt	gröna	green
brun	brunt	bruna	brown
skär	skärt	skära	pink
lila	lila	lila	purple
orange	orange	orange	orange
rosa	rosa	rosa	pink, rose

NOTE: **lila**, **orange** and **rosa** are borrowed words and do not change endings!

Kläder — *Clothing*

underkläder	*underwear*
ytterkläder	*outerwear*
strumpor	*stockings*
skor	*shoes*
en förkläde / -n	*apron*
en klänning /-ar	*dress*
en kostym /-er	*suit*
en slips /-ar	*tie*
en skjorta /-or	*shirt*
en socka / -or	*sock*
en t-tröja /—or, also **t-skjorta /-or**	*T-shirt*
en tröja /-r	*sweater*
jeans	*jeans*
byxor	*pants, trousers*
strumpbyxor	*pantyhose*
en trosa /-or	*panty*
en blus /-ar	*blouse*
en behå	*bra*
en kjol /-ar	*skirt*
ett par	*a pair*

Try it out!

How do you say it in Swedish?

Example:
1. a new shirt   <u>   en ny skjorta   </u>

2. gray jeans   _____

3. an old house   _____

4. two brown dogs   _____

5. a green dress   _____

6. new black shoes   _____

7. white candlesticks   _____

8. orange T-shirts   _____

9. black socks   _____

10. a grey suit   _____

11. elegant shops   _____

12. purple skirts   _____

Vad vill du köpa?

Jag vill köpa en _____ skjorta. (vit)

Erik vill köpa en _____ slips. (svart).

Nadja vill köpa en _____ klänning. (elegant)

Barnen vill köpa en _____ katt. (orange)

Kan jag köpa _____ skor? (lila)

Kan jag köpa _____ strumpor? (grön)

Var kan jag hitta _____ ljusstaken? (gul)

Var kan jag hitta _____ tröjor? (svensk)

Var finns de _____ byxorna? (billig)

Var finns de _____ slipsarna? (grå)

Visst är det _____ med levande ljus! (mysig)

Visst är det _____ med jultiden! (fin)

Vad behöver du?

Jag behöver en _____ klänning. (ny)

Lars behöver _____ jeans. (svart)

Nadja behöver _____ strumpor. (grön)

Anna behöver en _____ behå. (blå)

Tant Elly behöver _____ ljusstakar. (vit)

Vad drömmer du om?

Jag drömmer om ett _____ hus. (ny)

Jag drömmer om _____ barn. (snäll – plural)

Jag drömmer om _____ julklappar. (fin)

Try it out!

Let's make it specific!

Jag vill ha den här röda klänningen. *I want this red dress.*

1. Jag vill ha _____ (*this blue dress*)

2. Jag vill ha _____ (*that white candlestick*)

3. Jag vill ha _____(*those brown shoes*)

4. Hans-Erik köper_____ (*this elegant suit*)

5. Lars köper_____(*these black socks*)

6. Nadja köper _____ (*this green skirt*)

7. Mark köper _____ (*those blue candles*)

8. Vi tittar på _____ (*that expensive car*)

9. Vi tittar på _____(*this orange cat*)

10. Vi tittar på _____ (*those black dogs*)

Try it out!

My stuff is everywhere!

1. _____ ligger på golvet. (*my red socks*)

2. _____ står på bordet. (*my expensive perfume*)

3. _____ ligger under soffan. (*my intelligent cat*)

4. _____ står på bokhyllan. (*my large dictionaries*)

5. _____ leker i trädgården. (*my happy children*)

6. _____ står i hörnet. (*my cheap tv*)

7. _____ sitter på soffan. (*my brown dog*)

8. _____ simmar i akvariet. (*my purple fish*)

dictionaries = **ordböcker**
leker = *is playing*
ligger = *is lying*
simmar = *is swimming*
sitter = *is sitting*
står = *is standing*

Frågor och svar.

1. Vad behöver du köpa?

2. Vad drömmer du om att få som födelsedagspresent?

3. Vad tycker du om att ha på dig?

4. Tycker du att det är roligt att köpa kläder?

5. Tycker du om den mörka årstiden? Varför eller varför inte?

6. Om du vore i Sverige nu, vad skulle du vilja köpa?

om du vore = *if you were*

Skriv en dialog.
Du går in i en affär för att handla kläder. Vad säger du? Vad säger expediten?

VOCABULARY

EN-NOUNS

affär /-er	*shop, store*
behå /-er (BH)	*bra*
blus /-ar	*blouse*
byxor (no singular)	*pants, trousers*
choklad /-er	*chocolate*
doft /-er	*fragrance, smell*
födelsedag /-ar	*birthday*
hemslöjd	*traditional handicrafts*
jeans (no singular)	*jeans*
jul /-ar	*Christmas*
julklapp /-ar	*Christmas present*
kjol /-ar	*skirt*
kläder (no singular)	*clothes*
klänning /-ar	*dress*
kostym /-er	*suit*
ljusstake /-ar	*candlestick*
nyårsafton	*New Year's Eve*
parfym /-er	*perfume*
present /-er	*present*
skjorta /-or	*shirt*
slips /-ar	*tie*
socka /-or	*sock*
storlek /-ar	*size*
strumpa /-or	*stocking*
strumpbyxor (no singular)	*pantyhose*
trosa /-or	*panty*
tröja /-or	*sweater*
t-tröja /-or	*T-shirt*
(also **t-skjorta /-or**)	
underkläder (no singular)	*underwear*
vas /-er	*vase*
vän / vänner	*friend*
årstid /-er	*season*

ETT-NOUNS

fönster / fönstret / - /-ren	window
förkläde /-n	arpron
glas / -	glass, glassware
ljus / -	light, candle
levande ljus	candles
papper /pappret /- /-ren	paper
presentpapper	gift wrap
par	a pair
par sockor	a pair of socks
par strumpor	a pair of stockings
par skor	a pair of shoes
skyltfönster	display window

VERBS

dekorera	*to decorate*
drömma om	*to dream of, dream about*
gå in	*to enter*
ha på dig	*to wear*
handla	*to shop* (for something)
köpa /-er	*to buy*
passa bra	*to fit well, to be suitable, to "work"*
prova	*to try on*
samla	*to collect*
se (bra) ut	*to look (good)*
slå i	*to wrap*
söka /-er	*to search for, to look for*
tillverka	*to make /produce /manufacture*
uthärda	*to endure*
verka	*to seem, appear*
veta	*to know (a fact)*

ADJECTIVES

billig	*cheap*
blå	*blue*
brun	*brown*
dyr	*expensive*

elegant	*elegant*
fin	*smart, fine, elegant, nice*
gammal	*old*
gratis	*free*
grön	*green*
grå	*grey*
gul	*yellow*
intelligent	*intelligent*
lila	*purple*
ljus	*light*
lätt	*easy*
lättare	*easier*
mysig	*pleasant, comfortable*
mörk	*dark*
ny	*new*
orange	*orange*
osäker	*unsure*
rolig	*fun*
rosa	*pink, rose*
röd	*red*
skär	*pink*
svart	*black*
tenn	*pewter / of pewter*
trä	*wood / of wood*
trött	*tired*
vacker	*beautiful*
vit	*white*

ADVERBS

bara	*only*
snart	*soon*

PHRASES

Det beror på.	*It depends.*
Vi har ingen brådska.	*We're not in a hurry.*
att gå ner i vikt	*to lose weight*

Det är inte så farligt.	*That's not bad. That's all right. That works.*
Det stämmer.	*That's true. That's right.*
Det är för dyrt.	*It's too expensive.*
Det är för….	*It's too….*
Oj då!	*Yikes! Oh, my! Oh, dear!*
Det är tillverkat i Sverige.	*It's made in Sweden.*
Det kostar hundra kronor.	*It costs one hundred Swedish crowns.*
Jag tar den också.	*I'll take it, too.*

Lite läsning:

Svenska helgdagar

Det finns många trevliga helger i Sverige. De viktigaste helgerna är midsommar och jul. Midsommar firas för att solen inte går ner under sommarens höjdpunkt. Julen firas för att solen återkommer efter vintersolståndet. Båda helger firades under vikingatiden. När kristendomen kom till Sverige, behöll man namnet "jul" men man tillsatte en kristen betydelse på helgen.

Både till midsommar och till julen dansar man. Till midsommar dansar man runt en majstång, som dekoreras med blommor och grönt. Till julen dansar man runt julgranen, som dekoreras med julpynt. Man sjunger "Små grodorna" och alla måste dansa.

Till midsommar säger man "Glad midsommar!" Till julen säger man "God jul och gott nytt år!"

---

helg	*holiday*
viktigaste	*most important*
solen	*the sun*
höjdpunkt	*high point*
återkomma	*to return*
vintersolståndet	*the Winter Solstice*
firades	*were celebrated*
vikingatiden	*Viking times*
kristendomen	*Christianity*
behålla	*to keep*
tillsätta	*to add*
betydelse	*meaning*
en majstång	*midsummer pole, 'maypole'*
dekoreras	*is decorated*
julpynt	*Christmas decorations*
sjunga	*to sing*
groda /-or	*frog*

KAPITEL SEX

Sportlov i fjällen /
Going Skiing in the Mountains

Dialog 1

Mark, Anna, Lars, Hans-Erik och Nadja sitter på konditori. De har beställt kaffe och tårtbitar och nu pratar de medan de äter.

Anna:	Vi har sportlov snart. Ska vi åka skidor någonstans?
Lars:	Jag skulle gärna åka till Österrike eller Schweiz.
Hans-Erik:	Det är för dyrt att resa utomlands. Vi stannar hellre i Sverige.
Nadja:	Kanske Dalarna eller till fjällen?
Mark:	Jag har aldrig varit i Dalarna. Vasaloppet äger rum där, eller hur?
Anna:	Jo då, det stämmer, men inte förrän i marsmånaden. Sportlovet har vi i februari.
Lars:	Uppe i fjällen är landskapet underbart. Och vi skulle kunna besöka samefolket eller bo på ishotellet.
Mark:	Ishotellet?
Hans-Erik:	Det är ett helt hotell gjort av is.
Anna:	Vi kan bo på ishotellet en natt, men sedan flyttar vi till ett annat hotell, för det är alldeles för kallt att bo där en hel vecka.
Lars:	Det är en bra idé. Hur kommer vi att åka dit?
Anna:	Jag föreslår att vi åker tåg tillsammans. Det är bekvämare och roligare med tåget, tycker jag.
Hans-Erik:	Fint! Bra idé! Vi kan beställa biljetterna på SJ:s webbsida.

---

en tårtbit	*a slice of cake*
medan	*while*
sportlov	*winter sports vacation (usually mid-February)*
åka skidor	*to go skiing*

någonstans	somewhere
Österrike	Austria
Schweiz	Switzerland
utomlands	abroad
hellre	rather
marsmånad	(the month of) March
uppe	up
i fjällen	in the mountains
underbar	wonderful
aldrig	never
Vasaloppet	a race on cross-country skis held in Dalarna to honor Gustav Wasa which takes place in March
äga rum	to take place
ett landskap	landscape, scenery, province
skulle kunna	would be able to
samefolket	the Sami people (previously called "Lapps")
ishotellet	a hotel made completely of sculptured ice and snow built in Lappland for the winter season
gjort av is	made of ice
för att	because / since
kall	cold
kommer att + Verb	going to + Verb
en hel vecka	an entire week
en bra idé	a good idea. (Idé is borrowed from French and has kept its accent so it differs from "ide" hibernation).
åka	travel by vehicle, go
åka tåg	take the train
bekvämare	more comfortable
roligare	more fun
en biljett	ticket
SJ	Statens Järnvägar, the Swedish train service
en webbsida	webpage

Dialog 2

Gänget befinner sig i hotellets bastu. En hel vecka har gått och de pratar om sina upplevelser.

Mark:	Ahh, det känns skönt att vila. Jag har ont i hela kroppen. Jag har aldrig åkt skidor flera dagar i rad!
Anna:	Åker man skidor i Seattle?
Mark:	Visst gör man det. Det finns många höga berg i närheten av stan.
Lars:	Jag var lite förvånad att du kunde åka skidor så pass bra. Mina släktingar i Illinois kan inte åka skidor alls.
Mark:	Illinois är lika platt som Danmark.
Anna:	Nadja, lärde du dig att åka skidor i Bosnien?
Mark:	Jag hade ingen aning att du var från Bosnien!
Nadja:	Jag är född i Bosnien, men kom hit till Sverige när jag var ett år gammal. Mina föräldrar flydde kriget. Jag bestämde mig för att ansöka om svensk medborgarskap.
Hans-Erik:	Det finns många flyktningar i Sverige som fått asyl på grund av krig i sitt land.
Mark:	Det visste jag inte. Jag visste inte så mycket om samefolket heller. Det var intressant att se deras traditionella sätt att leva, även om de flesta människor inte längre sköter om renar.
Anna:	Jag visste inte att förr fick man inte tala sitt språk i skolan. Det var förbjudet förr, men nu får barnen lära sig samiska.
Lars:	När går tåget imorgon?
Anna:	Det går 13:50. Vi får sova lite längre än vanligt. Frukosten är klockan nio. Då packar vi och åker härifrån klockan elva. Vi har lite tid att se oss omkring och äta lunch vid stationen efteråt. Tåget kommer fram imorgon 8:30. Då är vi hemma omkring klockan nio.

---

befinna sig	*find themselves*
en bastu	*sauna*
vila sig	*relax*

ha ont i hela kroppen	my whole body hurts
flera	several
i rad	in a row
höga berg	tall mountains
förvånad	surprised
lika som	like, as
lära sig	to learn
Bosnien	Bosnia
fly	to flee
bestämma sig	to decide
ansöka om	apply for
ett medborgarskap	citizenship
att få asyl	to be granted asylum
på grund av	because of
krig	war
sitt land / sina länder	his or her country / their countries
sköta	to take care of (animals)
ren	reindeer
förbjuda	to forbid
man får inte	it is not allowed
samiska	the Sami language
än vanligt	than usual
packa	to pack
13:50 [tretton och femtio]	1:30 pm [the train system uses the 24-hour clock (military time)]
frukost	breakfast
se sig omkring	look around
efteråt	afterwards
komma fram	to arrive
imorgon	tomorrow
hemma	at home
omkring	around

TIME AND DATE

Veckodagarna — *Days of the week*

måndag	"Moon Day"	*Monday*
tisdag	"Tyr's Day"	*Tuesday*
onsdag	"Odin's Day"	*Wednesday*
torsdag	"Thor's Day"	*Thursday*
fredag	"Freya's Day"	*Friday*
lördag	"Wash Day"	*Saturday*
söndag	"Sun Day"	*Sunday*

The Swedish week starts on Monday and ends on Sunday, something that is common in Europe, but different from American practice.

Månader — *Months*

The names of the months are borrowed from Latin, and so they are familiar to English speakers. Note that months are NOT capitalized.

januari	**februari**	**mars**	**april**
maj	**juni**	**juli**	**augusti**
september	**oktober**	**november**	**december**

Årstider — *Seasons*

vinter	**vår**	**sommar**	**höst**
winter	*spring*	*summer*	*fall (autumn)*

Hur mycket är klockan? — *What time is it?*

Hur mycket är klockan?	*What time is it?*
— Den är fem.	*— It's five.*
Klockan är fem.	*It's five o'clock.*
Klockan är fem över fem.	*It's five after five.*
Klockan är tio över fem.	*It's ten after five.*
Klockan är kvart över fem.	*It's quarter after five.*
Klockan är tjugo över fem.	*It's twenty past five.*
Den är fem i halv sex.	*It's twenty-five past five.*
Den är halv sex.	*It's five thirty.*
Den är fem över halv sex.	*It's twenty-five to six.*
Den är tio över halv sex.	*It's twenty to six.*
Den är kvart i sex.	*It's quarter to six.*
Den är tio i sex.	*It's ten to six.*
Den är fem i sex.	*It's five to six.*
Klockan är sex.	*It's six o'clock.*
När går tåget?	*When does the train leave?*
— Det går tretton och fem.	(13:05)
Tåget går fjorton och femtiotre.	(14:53)
Tåget går noll-noll och tio.	(00:10)
Hur dags äter vi frukost?	*At what time are we having breakfast?*
— Omkring klockan nio.	*— Around nine.*
Hur dags är vi framme?	*When will we arrive?*
—Vi kommer fram inom tio minuter.	*—We'll arrive within ten minutes.*

hur dags?=*what time?* not to be confused with **när?**=*when?*

Try it out!

1. Hur mycket är klockan? (12:15) <u>Klockan är kvart över tolv.</u>

2. Klockan är (1:30) _____.

3. Klockan är (11:45) _____.

4. Klockan är (5:20) _____.

5. Klockan är (8:10) _____.

6. Klockan är (9:25) _____.

7. Klockan är (4:55) _____.

8. Klockan är (3:40) _____.

Try it out!

Use the 24-hour clock to tell the departure time.

1. Tåget går(17:25) _____sjutton och tjugofem_____.

2. Tåget går (14:05)_____.

3. Färjan (*the ferry*) går (21:30) ? _____.

4. Tåget går (9:12) _____.

5. Flyget (*the flight*) går (18:32) _____.

6. Flyget går (10:28) _____.

7. Färjan går (15:55) _____.

8. Tåget går (4:14) _____.

9. Flyget går (16:56) _____.

Time Expressions

en dag /-ar	*day*
en morgon /morgnar	*morning*
en eftermiddag /-ar	*afternoon*
en afton /aftnar	*evening*
en kväll / kvällar	*evening (later evening)*
en natt / nätter	*night*
ett dygn / dygn	*a day and a night*
en vecka /-or	*a week*
en månad /-er	*a month*
ett år /-	*a year*
igår	*yesterday*
idag	*today*
imorgon	*tomorrow*
nästa vecka	*next week*
förra veckan	*last week*
nästa månad	*next month*
förra månaden	*last month*
nästa år	*next year*
i fjol	*last year*
nästa onsdag	*next Wednesday*
i onsdags	*last Wednesday*

ORDINAL NUMBERS

Ordinal numbers are another set of numbers often used for time expressions. We have this set in English, too: *first, second, third, fourth, fifth*, and so on. A Swedish day of the month is said with **den** + ordinal number + month: **den första februari** = *February first, the first of February*.

första	**elfte**	**tjugoförsta**	**trettiförsta**
andra	**tolfte**	**tjugoandra**	**...**
tredje	**trettonde**	**tjugotredje**	**fyrtionde**
fjärde	**fjortonde**	**tjugofjärde**	**femtionde**
femte	**femtonde**	**tjugofemte**	**sextionde**
sjätte	**sextonde**	**tjugosjätte**	**sjuttionde**
sjunde	**sjuttonde**	**tjugosjunde**	**åttionde**
åttonde	**artonde**	**tjugoåttonde**	**nittionde**
nionde	**nittonde**	**tjugonionde**	**hundrade**
tionde	**tjugonde**	**trettionde**	**hundraförsta**
			tusende

Try it out!
När händer det? *When does it happen?*

1. Juldagen är _____ . (December 25th)

2. Julafton är _____ . (December 24th)

3. Midsommarafton är _____ . (June 24th)

4. Min födelsedag är _____ . (May 15th)

5. Vi reser till Sverige på _____ . (August 1st)

6. Hans-Erik åker till Uppsala på _____. (July 5th).

7. Sportlovet börjar_____. (February 16th)

8. Vintersolståndet är_____. (Dec 21st).

9 USA:s nationaldag är_____. (July 4th).

10. Tant Ellys födelsedag är _____. (March 6th)

11. Sommarsolståndet är _____. (June 21st)

12. Skolan börjar _____. (September 2nd)

13. Sveriges nationaldag är _____. (June 6th)

14. Min födelsedag är _____. (your date)

PREPOSITIONS

You may have noticed a number of prepositions in the time expressions. Prepositions connect a noun phrase to the sentence. Prepositions indicate a relation to manner, place or time. Used with verbs, they can change the meaning of the verb. In English "get up" and "get away" have two completely different meanings. Similarly, in Swedish "komma" and "komma fram" have two different meanings: "come" and "arrive."

Prepositions are often tricky, so it is a good idea to learn a phrase together with its preposition the first time you run across it. Prepositions are idiomatic, that is, they have different meanings across languages. The choice of preposition in Swedish may well differ from American usage.

Prepositions of Place

These prepositions answer the question "where."

till Sverige	*to Sweden*
i stan	*in the city*
från Bosnien	*from Bosnia*

Prepositions of Manner

These prepositions usually answer the question "how" something is taking place or being done:

av	*of, by*
enligt	*according to*
genom	*by means of, through*
med	*with*
mot	*against*
trots	*in spite of*

Prepositions all over!

Some prepositions can be used to indicate either a time or a place!

i november	*in November*
i bilen	*in the car*
på måndag	*on Monday*
på restaurang	*at a restaurant*

Try it out!

Circle the prepositions!

Vi ska resa till Stockholm. Stockholm ligger i Sverige, och det betyder att vi måste flyga. Vi kommer fram till flygplatsen klockan nio. Flyget går inom tre timmar. Har vi glömt någonting hemma? Nej, vi har allt med oss: pass, pengar, och resväskor. Vi har tid på oss så vi bestämmer oss för att gå på en restaurang och äta lite lunch. Vi kan betala räkningen med kreditkort, så vi beställer mycket mat. Nu måste vi skynda oss för att komma fram till gaten innan flyget avgår. Vi kommer i tid, tack och lov!

Order of Prepositions

If you have more than one prepositional phrase in a sentence, the order is PLACE, MANNER, TIME.

However, TIME is then often placed first in the entire sentence.

Jag åker till Sverige med bil nästa sommar.
I'm going to Sweden next summer by car.
Nästa sommar åker jag till Sverige med bil.
Next summer, I'm going to Sweden by car.

Frågor och svar.

1. Vad gör man under vintern?

2. Vad gör man under sommaren?

3. Vad ska du göra nästa vår?

4. Vad ska du göra nästa höst?

5. Vilken årstid tycker du bäst om? Varför?

6. Vilken årstid tycker du minst om? Varför?

bäst = *the best*; **minst** = *the least*

Skriv en dialog!

Du och en vän planerar en resa. Vart ska ni åka? Hur åker ni dit? Vad tar ni med er? Var bor ni? Vad vill ni se?

VOCABULARY

EN-NOUNS

ankomst /-er	*arrival*
bastu /-r	*sauna*
bil /-ar	*car*
dag /-ar	*day*
eftermiddag /-ar	*afternoon*
flygplats /-er	*airport*
frukost /-ar	*breakfast*
gate /-r	*gate* (at an airport)
höst /-ar	*autumn, fall*
kväll /-ar	*evening*
mat, maten [no plural]	*food*
månad /-er	*month*
natt /nätter	*night*
någonting [nånting]	*something*
pengar [no singular]	*money*
plats /-er	*place*
ren /-ar	*reindeer*
restaurang /-er	*restaurant*
resväska /-or	*suitcase*
räkning /-ar	*bill*
samiska	*the Sami language*
snö, snön [no plural]	*snow*
sommar /-rar	*summer*
vinter /-rar	*winter*
vecka /-or	*week*
väska /-or	*purse, case*
vår /-ar	*spring*
årstid /-er	*season*
avgång /-ar	*departure*

ETT-NOUNS

berg / -	*mountain or large hills*

dygn / -	one night and one day (24 hours)
folk /-	folk, people, ethnic group
fjäll /-	mountain range high enough to reach above the tree-line
flygplan / -	airplane
hotell /-	hotel
kreditkort /-	credit card
landskap /-	landscape, province
pass /-	passport
regn, regnet /-	rain
rum /rummet / rum/ rummen	room
tåg /-	train
år/-	year

ADJECTIVES
underbar	wonderful

VERBS
ankomma (s)	arrive
avgå (s)	depart
bestämma sig (IIa R)	decide
fly (III)	flee
flyga (s)	fly
förbjuda (s)	forbid
glömma (IIa)	forget
komma fram (s)	arrive
resa (IIb)	travel
skynda sig (I R)	hurry
sköta /-er	take care of
sköta sig	take care of one's self
vila sig	to relax
åka /-er	travel by vehicle, go
åka bil	go by car
åka skidor	ski
åka tåg	take the train

PHRASES

bada bastu	sit in the sauna
bli förvånad	to be surprised
det stämmer	that's right
man får inte	it is not allowed
ha ont i	hurt (literally: *have pain in*)
ha tid på sig	have lots of time
i fjällen	in the mountains
i rad	in a row
se sig omkring	look around
tycka bäst om	like the best
tycka minst om	like the least
äga rum	take place
än vanligt	than usual

Lite Läsning

Att planera en resa

Vad ska man tänka på när man planerar en resa till Sverige? Man måste ju köpa flygbiljetter förstås, om man inte vill åka båt! Man ska kolla passet och se till att det är i ordning. Har man tillräckligt med pengar? Hur mycket pengar ska man ta med sig eller ska man betala det mesta med kreditkort? Ska man bo på hotell eller stanna hos släktingar och vänner? Ska man åka tåg eller hyra bil?

Ett par dagar innan man reser måste man ju packa ner allt. Kläder förstås. Blir det sommarkläder eller vinterkläder? Det beror på när man åker dit. Under sommaren är det fint men under vintern är det kallt. I norra Sverige finns det mycket snö under flera månader. I södra Sverige kan man bada och ligga på stranden och sola sig, när solen skiner på sommaren.

planera	*to plan*
förstås	*of course*
kolla	*check*
se till	*make sure*
i ordning	*in order*
tillräckligt	*enough*
ta med sig	*take with*
stanna hos släktingar	*stay with relatives*
vänner	*friends*
hyra bil	*rent a car*
packa ner/upp	*pack / unpack*
bada	[here] *go swimming*
ligga på stranden	*lie on the beach*
sola sig	*tan*

KAPITEL SJU

Nu är det vår!

Dialog 1

Anna och Mark sitter på tåget tillsammans med Hans-Erik och Nadja. De ska åka till Uppsala för att fira Valborgsmässoafton. Hans-Erik var student på Uppsala universitet för två år sen, men han har avslutat sina studier och arbetar nu på en liten firma.

Hans-Erik:	Har du varit i Uppsala förr?
Mark:	Nej, det har jag inte.
Hans-Erik:	Uppsala är en äldre stad än Stockholm. De gamla vikingakungarna bodde där och deras gravhögar finns fortfarande.
Anna:	Man kan besöka gravarna och smaka mjöd om man vill. Men det får bli en annan gång. Nu ska vi fira Valborg!
Mark:	Vad betyder Valborg?
Anna:	Valborg är ett kvinnonamn och hennes dag är den första maj. Kvällen innan firar vi vårens seger över vintern. Man sjunger vårsånger och hälsar våren välkommen.
Hans-Erik:	Uppsala har många studenter som firar Valborg genom att sjunga i kör. Det låter mycket vackert.
Anna:	Efteråt finns det ett studenttåg genom stan. Och ett stort bål där man bränner upp allt möjligt – mest gammalt skräp. Det är skönt att stå i närheten när vädret är kallt.
Mark:	Och vad gör man sen?
Hans-Erik:	Man dricker öl!

Valborgsmässoafton	*Walpurgis Night,* the evening before Saint Valborg's Day
avsluta sina studier	*finish his studies*
en liten firma	*a small company*
en äldre stad än	*an older city than*
viking	*viking*

kung	king
gravhög	grave mounds
smaka mjöd	taste mead
det får bli en annan gång	That will have to wait for some other time
namnsdag	Name Day [Every day of the year is named and certain name days are celebrated by the entire population, such as **Luciadagen** (St. Lucy's day) on the 13th of December.]
en seger	victory
en sång	song
sjunga i kör	sing in a chorus or choir
det låter	it sounds
ett tåg genom stan	a procession through the city
ett bål	bonfire
att bränna upp	burn up
allt möjligt	all kinds of stuff
mest gammalt skräp	mostly old junk
att stå i närheten	to stand close by

Dialog 2

Hela gänget har bestämt sig att gå på Skansen. Skansen ligger på Djurgården i Stockholm. De har åkt tunnelbana och spårvagn. De drack kaffe på spårvagnen medan den åkte över Djurgårdsbron. De steg ut och korsade gatan. Nu står de framför ingången till Skansen.

Mark: Vad finns det att se på Skansen?
Nadja: Jag tycker mest om att titta på björnungarna! De föddes under vintern och kommer ut ur idet i april. De är så söta!
Expediten: Det blir 150 kronor per person.
Nadja: Vi betalar var och en för sig.
Expediten: Tack. Idag klockan ett är det en föreställning. En studentkör från Lund hälsar våren välkommen med fina psalmer och vårsånger.

Hans-Erik:	Själv tycker jag om att se på de gamla byggnaderna som samlats in från hela Sverige. Det är intressant att se hur de byggdes.
Anna:	Jag tycker om stadsdelen där man visar hur man arbetade, köpte och sålde saker och ting för ett par hundra år sen. Och där finns det också en väldigt bra restaurang.
Lars:	Det finns mycket att se och göra på Skansen. Man säger: "Om man inte sett Skansen, har man inte sett Stockholm!"
Nadja:	Men först ska vi gå och titta på de söta björnungarna!

hela gänget	the whole gang
åka tunnelbana och spårvagn	ride the subway and the streetcar
över bron	over the bridge
stiga ut	step out/ get out/ disembark
stiga på	step on/ get in/ embark
framför ingången	in front of the entrance
björnungar	bear cubs
föddes	were born
gå i ide [no "t"!]	hibernate
kommer ut ur idet	emerge from hibernation
Vi betalar var och en för sig	We'll each pay for our own ticket.
en föreställning	performance
psalmer	hymns
de gamla byggnaderna	the old buildings
samlats	were collected
hela Sverige	all over Sweden
byggdes	were built
saker och ting	this and that/ things (literally: "things and things")
för ett par hundra år sen	a few centuries ago
väldigt	really

ADVERBS

Swedish adverbs are fairly straightforward. They modify a verb and tend to stick close to the verb. In Swedish, adverbs have only one form. Therefore, you can memorize an adverb by itself as a vocabulary item.

Some common adverbs:

aldrig	*never*
alltid	*always*
bra	*well* (as in doing things well)
då	*then*
ej	*no* (often found in signs : **Ej rökning** = *No smoking*).
ganska	*rather*
gärna	*gladly, very much*
inte	*not*
ju	*of course*
lagom	*just right, perfectly suitable*
mycket	*very*
naturligtvis	*naturally*
nog	*probably*
ofta	*often*
troligen	*likely*
ännu	*yet, still*

There are adverbs of manner, place and time. Adverbs can be compoundded with prepositions (**nuförtiden**, **härifrån**).

The most common way to form an adverb from an adjective is to add a "t" much like we add "-ly" in English:

>**trevlig** *(pleasant)* becomes **trevligt** *(pleasantly)*.

Try it out!

Change each adjective to the corresponding adverb!

snabb (*quick*) → __snabbt__ (*quickly*)

knapp (*not enough*) → _____ (*hardly, scarcely*)

grym (*cruel*) → _____ (*cruelly*)

skicklig (*skillful*) → _____ (*skillfully*)

glad (*happy*) → _____ (*happily*)

varm (*warm*) → _____ (*warmly*)

lätt (*easy*) → _____ (*easily*)

dum (*stupid*) → _____ (*stupidly*)

långsam (*slow*) → _____ (*slowly*)

Adverbs of Place

In Swedish, adverbs of place often have two forms. We used to have three forms in English, but no one says "thence" and "thither" any longer, although we still have "there." Our adverbs of place now only have one form.

The adverb of place is shorter when there is movement and longer when the verb is static (when there is no direction).

Compare the following sentences:

Jag måste åka hem nu. *I have to go home now.*
Jag stannar hemma idag. *I'm staying at home now.*

The following list shows the most common adverbs of place with two forms:

Moving	Stationary	
dit	där	*there*
fram	framme	*a place where one will arrive*
hem	hemma	*home / at home*
hit	här	*here*
in	inne	*in / inside*
upp	uppe	*up / up there*
ut	ute	*out / outside*

Try it out!

Which way?

Jag är hemma.   Jag ska gå _____.

Vi kommer fram.   Vi är _____.

Hunden sover ute.   Hunden vill gå _____.

Restaurangen ligger där.   Vi ska åka bil ____.

Katten är inne i huset.   Katten vill komma ____.

Här ligger boken.   Kom _____!

Stig in!   Hela gänget sitter _____ i köket.

MOVEMENT OR NOT?

Verbs such as **resa, åka, gå, köra** obviously reflect movement from one place to another. Verbs such as **vara, stanna, bo** obviously reflect staying put. Here are a few more common verbs relating to moving or staying in place.

Verbs Explicitly Reflecting Movement

Infinitive	Present	Past	Supine	English
lägga	**lägger**	**la**	**lagt**	to put lying down
ställa	**ställer**	**ställde**	**ställt**	to put in an upright position
sätta	**sätter**	**satte**	**satt**	place
sätta sig	**sätter sig**	**satte sig**	**satt sig**	to sit down

Verbs Explicitly Reflecting Stationary Position

Infinitive	Present	Past	Supine	English
ligga	**ligger**	**låg**	**legat**	to lie / be in a lying down position
stå	**står**	**stod**	**stått**	to stand

Try it Out!

Vad betyder det på engelska? Skriv meningen på engelska!

1. Min orange katt ligger ute i solskenet.

2. Kan du lägga tidningen på bordet i köket?

3. Shoppingcentret NK ligger på Hamngatan.

4. Du kan sätta dig på soffan och jag sätter mig på den här stolen.

5. Lampan står mellan soffan och kaffebordet.

6. Ställ lampan bredvid soffan isället!

Hur säger man det på svenska?

1. The bear cubs are sitting outside.

2. It's really fun to ride the streetcar.

3. Walpurgis Night is celebrated in Lund and Uppsala.

4. I'm at home now.

5. The cat wants to come inside.

6. It's probably going to be chilly tomorrow.

7. The train has arrived already.

8. Come in! Would you like a cup of coffee?

9. The lamp is standing in the corner of the room.

10. Mark will finish his studies next year.

11. We're each going to pay for our own ticket.

12. If you haven't seen Skansen, you haven't seen Stockholm!

13. The whole gang rode the subway home.

14. It sounds wonderful!

15. How did people buy and sell things a few hundred years ago?

16. Where is a good restaurant?

17. There's a lot to see and do at Skansen. Let's go see the bear cubs!

18. There's a performance of spring songs at two o'clock.

Frågor och svar.

1. Skulle du gärna resa till Uppsala för att fira Valborg?

2. Tycker du om att sjunga i kör?

3. Har du varit på Skansen? Fick du se björnungarna på Björnberget?

4. Vad tycker du mest om att åka: tåg, bil eller spårvagn?

5. Tycker du att det är intressant att titta på byggnader?

6. Har du sett (have you seen) ett Luciatåg?

Skriv en dialog.

Du och en vän ska gå på utflykt. (**en utflykt** = *excursion*). Vad vill ni se? Tar ni en matsäck (*bag lunch*) med er? Vad finns i matsäcken?

VOCABULARY

EN-NOUNS

bro /-ar	*bridge*
byggnad /-er	*building*
firma /-or	*company*
föreställning /-ar	*performance*
grav/-ar	*grave*
gravhög /-ar	*grave mound*
ingång /-ar	*entrance*
kung /-ar	*king*
kör /-er	*chorus, choir*
matsäck/-ar	*bag lunch, packed food*
psalm /-er	*psalm, hymn*
seger / segrar	*victory*
spårvagn /-ar	*streetcar*
student /-er	*university level student*
studie /-r	*study*
tunnelbana /-or	*subway*
vän/vännen /vänner/vännerna	*friend*
unge /-ar	*young, cub, baby animal*
utflykt /-er	*excursion*
utgång /-ar	*exit*
Viking /-ar	*Viking*

ETT-NOUNS

bål /-	*bonfire*
ide /-n	*hibernation*
mjöd [no plural]	*mead* (honey beer)
skräp [no plural]	*junk, garbage*
universitet/-	*university*

[**öl** (*beer*) can be en or ett, depending on the dialect.]

ADJECTIVES

ung	*young*

VERBS

avsluta (I)	*finish, complete*
bränna (IIa)	*burn*
bränna upp (IIa)	*burn up, burn completely*
bygga (IIa)	*build*
fira (I)	*celebrate*
ligga (irr.)	*lie*
låta (s)	*sound*
stå (irr.)	*stand*
titta på (I)	*look at*
visa upp (I)	*demonstrate, show*

ADVERBS

aldrig	*never*
alltid	*always*
bra	*well (as in doing things well)*
då	*then*
ej	*no (often found in signs :* **Ej rökning** *= No smoking).*
ganska	*rather*
gärna	*gladly, very much*
inte	*not*
ju	*of course*
lagom	*just right, perfectly suitable*
mycket	*very*
naturligtvis	*naturally*
nog	*probably*
ofta	*often*
troligen	*likely*
ännu	*yet, still*

ADVERBS WITH TWO FORMS

dit	där	there
fram	framme	a place where one will arrive
hem	hemma	home, at home
hit	här	here
in	inne	in, inside
upp	uppe	up, up there
ut	ute	out, outside

PHRASES

för ... sedan	... ago
hälsa välkommen	to greet in welcome
saker och ting	this and that
stiga ut	step out, get out, disembark
stiga på	step on, get in, embark
stå i närheten	stand close by
var och en för sig	each his/her own

Lite läsning

Valborgsmässoafton

För att vintern är så lång i Sverige firar man när våren återkommer. Man hälsar våren välkommen med sång. Det finns många vårsånger som sjungs av studentkörer överallt i Sverige, men Uppsala är troligen platsen i Sverige där man firar Valborgsmässoafton med det största studenttåget genom stan. Folk samlas vid Uppsala universitet för att sjunga tillsammans. Alla som har tagit studenten har en speciell vit mössa som de sätter på huvudet. Den kallas "studentmössa" och visar att personen som bär den har rätten att bli student vid ett universitet. (Innan man tar studenten är man elev, inte student).

Om man en gång sett Valborgsmässoaftonfirandet i Uppsala glömmer man det aldrig!

sjungs av	*is sung by*
överallt	*everywhere*
det största tåget	*the largest procession*
ta studenten	*finish basic schooling and be ready to study at the university level;*
en speciell vit mössa	*a special kind of white cap (the cap is received on the day a person finishes secondary education much as we wear a cap and gown at high school graduation)*
som de sätter på huvudet	*which they place on their heads*
den kallas	*it is called*
personen som bär den	*the person who wears it*
visar att man har rätten	*shows that a person has the right*
att bli student	*to become a student at an institute of higher learning (enter post-secondary, academic education)*
elev	*pupil (anyone who has not yet graduated from secondary education)*
om man en gång	*if you ever*

KAPITEL ÅTTA

Midsommarafton

Dialog 1

Det är juni och sommaren har äntligen kommit. Vädret är varmt och skönt. Tant Elly har packat matsäck till alla och de sitter och njuter av det sköna vädret. Man har satt upp majstången, en stång som är dekorerad med gröna löv och blommor. Många människor dansar runt majstången.

Anna: Jag tycker om att titta på alla folkdräkter folk har på sig. Hur vackra de är när de dansar!

Lars: Själv tycker jag att de är alltför gammalmodiga och jag gillar inte att rasisterna vill ta upp dem som ett tecken på svenskhet.

Tant Elly: Jag vill att vi svenskar ska kunna njuta av våra traditioner utan att folk ska tro att vi är rasister.

Nadja: Sverige har förändrats som land. Det vet vi alla. Jag är glad att jag blev svensk medborgare, men jag oroar mig för folk som vill att jag ska återvända till Bosnien. Jag känner mig som svensk med bosnisk bakgrund.

Anna: Midsommarafton är det bästa jag vet. Solen är uppe nästan hela natten och man äter god mat, lyssnar på bra musik och dansar.

Mark: Finns det en skinksmörgås i picknickkorgen?

Tant Elly: Varsågod.

Mark: Jag tycker att det bästa med midsommar är Tant Ellys mat!

Anna: Lyssna! De spelar "Små grodorna!" Kom och dans med mig, Mark! Det är bara roligt att dansa den här dansen!

Nadja: Kom och dansa!

Tant Elly: Jag sitter kvar och passar sakerna. Gå och ha roligt.

Hans-Erik: Om det blir en vals efter "Små grodorna" vill du dansa med mig, Nadja?

Nadja: Ja, gärna.

midsommarafton	*Midsummer Night's Eve*
äntligen	*finally*
ett löv	*leaf*
runt	*around*
ett folkdräkt	*traditional, regional costume*
gammalmodig	*old-fashioned*
en rasist	*racist*
ett tecken	*sign*
svenskhet	*Swedishness*
oroa sig	*worry*
ändra sig	*change*
som land	*as a country*
återvända	*return*
massor av	*lots of, a great deal of*
picknick	*picnic*
en korg	*basket*
det bästa	*the best thing*
Små grodorna	*"The Little Frogs,"* a favorite dance song
sitta kvar	*stay behind*
passa	*watch over*
ha det roligt	*have fun*
en vals	*a waltz*

Dialog 2

Anna dansar vals med Lars. Mark sitter bredvid Tant Elly och ser på dem. Tant Elly ser på Mark.

Tant Elly:	Anna är verkligen en fin tjej, eller hur?
Mark:	Jag är mycket glad att jag träffat henne, faktiskt.
Tant Elly:	Hon är snäll, glad, vacker – och intelligent!
Mark:	Ja, det är hon. Vad menar du?
Tant Elly:	Jag ser hur du tittar på henne.
Mark:	Oj. Har du märkt det! Ja du, jag gillar henne oerhört mycket, men vi är bara vänner.

Tant Elly:	Hmmm. Har du märkt hur hon tittar på dig? Hon dansar med Lars, men hon tittar hit hela tiden. Kanske är det dags att bjuda ut henne på middag – utan gänget?
Mark:	Tror du verkligen att hon tackar ja?
Tant Elly:	Det är jag helt säker på, Mark. Man ska våga fråga om man vill vinna den vackra prinsessans hjärta.
Mark:	Livet är ingen saga, Tant Elly.
Tant Elly:	Men livet är en glädjekälla om man har kärleken. Tro mig!

bredvid	next to
faktiskt	actually
snäll	kind
mena	mean
märka	notice
oerhört	unbelievably
bara vänner	just friends
kanske	maybe
det är dags	it's time
utan	without
tacka ja	say yes (literally: "thank yes")
jag är helt säker på det	I'm completely sure of that
våga	dare
vinna	to win
ett hjärta	heart
livet	Life with a capital L
ingen saga	not a fairy tale
glädjekälla	source of joy
kärleken	Love with a capital L
tro mig	believe me

STRONG VERBS

We have looked at the three forms of weak verbs, but there is one more category of verbs to consider. The Brothers Grimm called this category "strong verbs" because of the vowel change involved when the verb is in a different tense. We have strong verbs in English, too. Most strong verbs are extremely common and cover basic daily life.

Here are some examples of English strong verbs:

sing	*sang*	*sung*
drink	*drank*	*drunk*
eat	*ate*	*eaten*
rise	*rose*	*risen*

Here is a list of 22 common Swedish strong verbs with their forms:

Infinitive	Present	Past	Supine	English
bita	**biter**	**bet**	**bitit**	*bite*
lida	**lider**	**led**	**lidit**	*suffer*
rida	**rider**	**red**	**ridit**	*ride*
skriva	**skriver**	**skrev**	**skrivit**	*write*
tiga	**tiger**	**teg**	**tigit**	*to be silent*
bjuda	**bjuder**	**bjöd**	**bjudit**	*invite*
flyga	**flyger**	**flög**	**flugit**	*fly*
frysa	**fryser**	**frös**	**frusit**	*freeze*
ljuga	**ljuger**	**ljög**	**ljugit**	*lie (tell a lie)*
sjunga	**sjunger**	**sjöng**	**sjungit**	*sing*
brinna	**brinner**	**brann**	**brunnit**	*burn*
finna	**finner**	**fann**	**funnit**	*find*
hinna	**hinner**	**hann**	**hunnit**	*to have enough time*
sitta	**sitter**	**satt**	**suttit**	*sit*
vinna	**vinner**	**vann**	**vunnit**	*win*

dra	**drar**	**drog**	**dragit**	*pull, draw*
ta	**tar**	**tog**	**tagit**	*take*
bära	**bär**	**bar**	**burit**	*carry, bear*
stjäla	**stjäl**	**stal**	**stulit**	*steal*
äta	**äter**	**åt**	**ätit**	*eat*
sova	**sover**	**sov**	**sovit**	*sleep*

Try it out!

Write out the four forms of each corresponding Swedish strong verb.

ride _____ _____ _____ _____

fly _____ _____ _____ _____

eat _____ _____ _____ _____

drink _____ _____ _____ _____

sleep _____ _____ _____ _____

take _____ _____ _____ _____

burn _____ _____ _____ _____

sing _____ _____ _____ _____

find _____ _____ _____ _____

win _____ _____ _____ _____

Try it out!

Change the sentences below according to the different tenses, following the example. The future tense has been given for each sentence.

Barnet ska bita i äpplet.	*The child will bite the apple.*
Barnet biter i äpplet.	*The child bites the apple.*
Barnet bet i äpplet.	*The child bit the apple.*
Barnet har bitit i äpplet.	*The child has bitten the apple.*
Barnet hade bitit i äpplet.	*The child had bitten the apple.*

1. Vi ska äta alla smörgåsarna.   *We shall eat all the sandwiches.*

_____ .

_____ .

_____ .

2. Britt Eva ska rida den bruna hästen.   *Britt Eva will ride the brown horse.*

_____ .

_____ .

_____ .

3. Mark ska inte ljuga.   *Mark will not tell a lie.*

_____ .

_____ .

_____ .

_____ .

4. Ska du sova sent?   *Are you going to sleep late?*

_____ .

_____ .

_____ .

_____ .

5. Fågeln kan flyga högt.   *The bird can fly high.*

_____ .

_____ .

_____ .

_____ .

VERB COMMAND FORMS (IMPERATIVES)

When we want someone to do something, we use a command form of a verb (imperative): Look! See! Speak up! Keep quiet!

In Swedish, the command form is made according to the group in which the verb belongs. The command for is either identical to the infinitve or removes the final **-a**. An "**mm**" before the **–a** will become a single "**m**".

Group One: Identical to the Infinitive

  Tala! Prata! Prova! Smaka! Betala!

Group Two: Infinitive minus **–a**.

  Kör! Läs! Ring! Köp! Följ! Bestäm! (inf.: **bestämma**)

Group Three: Identical to the Infinitive (same as for group one verbs)

  Bo! Tro! Sy!

Group Four: Infinitive minus **–a**.

  Drick! Ät! Sov! Ljug inte! Kom hit! Gå nu!

Try it out!

Make commands from the infinitive.

smaka　　　_____!

köra　　　_____!

tro　　　_____!

dricka　　　_____!

sova　　　_____!

tala　　　_____!

arbeta　　　_____!

dansa　　　_____!

sjunga　　　_____!

bo　　　_____!

köpa　　　_____!

gå　　　_____!

Frågor och svar.

1. Har du varit i Sverige under midsommar? Om ja, vad gjorde du?

2. Har du lärt dig dansa "Små grodorna"? Tycker du att dansen är rolig eller gammalmodig?

3. Vad väljer du för mat när du packar ner en picknickkorg?

4. Är det lätt eller svårt när man blir kär i någon människa?

5. Vad är "typisk svensk" tror du?

6. Vad är "typisk amerikansk"?

Skriv en dialog.
Du vill bjuda någon på restaurang. Tackar han /hon ja eller nej? Om ja, bestäm vilken slags restaurang ni ska besöka.

VOCABULARY

EN-NOUNS

glädje [no plural]	*joy*
grej /-er	*thing* (plural translates as *stuff*)
groda /-or	*frog*
korg /-ar	*basket*
källa /-or	*source*
kärlek [no plural]	*love*
majstång /-ar	*Midsummer pole* (literally: May pole)
midsommar / midsomrar	*Midsummer*
picknick	*picnic*
prinsessa /-or	*princess*
rasist /-er	*racist*
saga /-or	*saga, fairy tale*
svenskhet [no plural]	*Swedishness*
vals/-er	*waltz*

ETT NOUNS

hjärta / -n	*heart*
liv /-	*life*
löv /-	*leaf*
tecken	*sign*

VERBS

dansa (I)	*dance*
mena (I)	*mean*
märka (IIb)	*notice*
oroa sig (I)	*worry*
passa (I)	*watch, keep an eye on something*
sitta kvar (s)	*stay behind*
vinna (s)	*win*
våga (I)	*dare*
återvända (IIa)	*return*
ändra sig (I)	*change*

ADJECTIVES

gammalmodig	*old-fashioned*
snäll	*kind*
typisk	*typical*

ADVERBS

faktiskt	*actually*
kanske	*maybe*
kvar	*remain, behind, left*
oerhört	*unbelievably*
typiskt	*typically*
verkligen	*really*
äntligen	*finally*

PREPOSITIONS

bredvid	*next to*
med	*with*

PHRASES

bara vänner	*just friends*
bli kär	*fall in love*
det bästa	*the best thing*
det är dags	*it's time*
ha det roligt	*have fun*
hitta kärlek	*find love*
tacka ja	*say yes, agree to an invitation*
tacka nej	*say no, decline an invitation*
vara säker på något	*be sure about something*
vinna någons hjärta	*win someone's heart*
älska någon	*love someone*

Lite läsning

Ett lyckligt liv

Vad gör man för att ha ett lyckligt liv? Vad tror du? Många tror att man måste köpa grejer för att bli lycklig. Andra tror att man måste bli populär och ha många vänner. Och det finns de som tror att man måste äta och dricka gott för att njuta av livet.

Tant Elly tror att livets glädjekälla ligger i att älska en människa. Andra tror att man ska älska sitt land eller tro på Gud. Och till slut finns det de som vill ha fred på jorden och inga krig.

Charles Schulz sa att "Glädjen är en varm hundvalp."

Kanske ligger glädjen i att sjunga och dansa med folk man tycker om?

---

grejer (also **grejor**)	stuff
populär	*popular*
tro på God	*believe in God*
fred på jorden	*peace on Earth*
inga krig	*no wars*
"Glädjen är en varm hundvalp"	*"Happiness is a warm puppy"*

KAPITEL NIO

Smaklig måltid!
Bon appetit!

Dialog 1

Mark och Anna promenerar genom Gamla Stan på väg till restaurangen Den Gyldene Freden, den äldsta restaurangen i Stockholm. Mark är oerhört lycklig att Anna tackat ja till ett restaurangbesök.

Anna:	Det känns skönt att promenera med dig genom stan.
Mark:	Det tycker jag med. Gamla Stan har byggnader som står kvar från medeltiden. Det har vi inte i Seattle.
Anna:	Berätta lite mer om ditt liv i Seattle.
Mark:	Nja, det finns inte så mycket att berätta. Jag växte upp där. Min far jobbade på Boeing, men nu har han gått i pension. Min mor har en blomsteraffär som hon fortfarande driver. Min lilla syster går i skolan.
Anna:	Din mamma är svensk, eller hur?
Mark:	Hon föddes i Sverige, men nu har hon dubbelt medborgarskap.
Anna:	Trivs hon i USA?
Mark:	Det gör hon, men då och då saknar hon Sverige. Och hon ville att vi skulle känna till den svenska kulturen och kunna prata svenska. Det var viktigt för henne och det är jag tacksam för idag. Nu kan jag prata med dig på svenska till exempel och det är jag glad för.
Anna:	Där ligger restaurangen.
Mark:	Jag hoppas att man inte har tappat bort bordsbeställningen.

Smaklig måltid	*Bon appétit!*
promenera	*take a walk*
Gamla Stan	(literally: *The Old Town*)
den äldsta	*the oldest*

ett besök	*visit*
det känns skönt	*It's pleasant*
det tycker jag med	*I think so, too*
genom	*through*
stå kvar	*be still standing*
medeltiden	*the Middle Ages*
berätta lite mer om	*tell (me) a little more about*
ditt liv	*your life*
växa upp	*grow up, be raised*
jobba hos	*work at*
gå i pension	*retire*
en blomsteraffär	*flower shop*
driva / driver / drev / drivit	*to run* (a shop):
dubbelt medborgarskap	*dual citizenship*
sakna	*to miss* (a place or a person)
känna till	*know about*
kunna prata	*be able to speak*
det är jag tacksam för	*I'm grateful for that*
det är jag glad för	*I'm happy about that*
jag hoppas	*I hope*
tappa bort	*lose*
bordsbeställning/-ar	*reservation*
beställa bord	*reserve a table*

Dialog 2

Mark och Anna stiger in i restaurangen. Det känns svalt och skönt efter en promenad i det starka sommarsolskenet.

Mark: Hej.
Anna: Hej.
Hovmästare: Hej och välkommen till restaurangen Den Gyldene Freden. Vad är namnet?
Mark: Bergström.
Hovmästare: Fint. Varsågod, vi har ett bord vid fönstret. Går det bra?
Mark: Det går bra, tack.

Ett par minuter senare:

Servitören:	Hej. Får det bli en drink först?
Mark:	Nej tack. Jag skulle gärna beställa en flaska vin, men vi måste bestämma vad vi ska äta först. Vad rekommenderas?
Servitören:	Kocken har lagat en underbar sjömansbiff och det finns också en laxrätt med senapsås och dill. Laxen fångades i morse.
Mark:	Sjömansbiffen tar jag. Vad vill du ha, Anna?
Anna:	Jag tar laxen. Jag gillar maträtter med senapsås, faktiskt.
Mark:	Det låter gott, särskilt nu när det är varmt sommarväder.
Servitören:	Då föreslår jag ett rosévin från Spanien. Vinet passar till lax och biff.
Mark:	Då tar vi en flaska rosévin, tack.
Servitören:	Tack.

Efter de har ätit den goda middagen och druckit det underbara vinet, kommer servitören tillbaka.

Servitören:	Smakade det bra?
Anna:	Utmärkt, tack.
Mark:	Ja, allt smakade utmärkt.
Servitören:	Önskas det efterrätt?
Mark:	Finns det prinsesstårta? Jag skulle gärna vilja ha en bit.
Servitören:	Det finns tyvärr inte. Chokladkaka med glass och hallontårta med vaniljsås är kvällens efterrätter.
Anna:	Jag tar hallontårtan med vaniljsås och en kopp espresso, tack.
Mark:	Och jag tar chokladkakan och en cappuccino, tack.
Servitören:	Tack så mycket.

Efter de ätit efterrätten, kommer Mark ihåg att man måste fråga efter notan.

Mark:	Jag skulle vilja ha notan, tack.

Servitören kommer med notan och lägger den på bordet.

Servitören:	Varsågod.
Mark:	Tack.

Mark lägger kreditkortet bredvid notan och servitören kommer och tar betalningen.

Servitören: Tack. *Han kommer strax tillbaka.* Varsågod. Tack för besöket och välkommen åter.
Mark: Tack, hej då.
Anna: Tack för maten, snälla du. Det har varit en underbar kväll, men nu måste vi skynda oss till tunnelbanestationen!

---

stiga in	*enter*
sval	*cool*
stark	*strong*
en hovmästare	*maître d'*
ett bord vid fönstret	*a table by the window*
ett fönster	*a window*
en flaska vin	*a bottle of wine*
rekommenderas	*is recommended*
en kock	*cook, chef*
sjömansbiff	*"Sailor's Beef," beef with onions*
en lax	*salmon*
senapsås	*mustard sauce*
fångades	*was caught*
i morse	*this morning*
önska	*wish, desire*
en maträtt	*a dish*
varmt väder	*warm weather, hot weather*
föreslå	*to suggest*
passa till	*suit, match*
Smakade det bra?	*Did you enjoy your meal?*
	(literally: *"Did it taste well?"*)
utmärkt	*excellent*
önskas det	*Would you like?*
	(literally: *"Would it be desired"*)
Önskas det nåt mer?	*Would you like anything else?*
prinsesstårta	*a cake with green marzipan covering*

en tårta	*cake*
en kaka	*cake* (usually has no fruit)
hallon	*raspberry*
vaniljsås	*a dessert sauce with vanilla flavor, often served with fruit dishes*
komma ihåg	*remember*
fråga efter	*ask for*
skulle vilja ha	*would like to have*
notan	*the bill* (a fancier word than **räkning**)
betalning	*payment*

DEPONENT VERBS

Deponent verbs are verbs which reflect a state of mind or existence. Instead of **-r**, the verbs have an **-s** in the present tense, as well as an **-s** in the infinitive and all other tenses. (Since these verbs are quite common, some of them have already been introduced in previous chapters as vocabulary items.)

Here are some of the most common deponent verbs:

finnas	finns	fanns	funnits	*exist, to be found*
hoppas	hoppas	hoppades	hoppats	*hope*
kräkas	kräks	kräktes	kräkts	*vomit*
låtsas	låtsas	låtsades	låtsats	*pretend*
minnas	minns	mindes	mints	*remember*
trivas	trivs	trivdes	trivts	*feel at home, feel comfortable*
töras	törs	tordes	torts	*dare*

A point to remember: deponent verbs look passive, but act active!

PASSIVE VERBS

A passive verb has an active form: **önska** is active and **önskas** is passive.

The passive form is used to remove emphasis from the actor to what is acted upon. The passive is often used to create a formal distance between people who otherwise would not interact, such as a guest at a restaurant and an employee of the restaurant. The use of the passive is becoming more common in Swedish, and is not frowned upon, unlike American English where active verbs are preferred. (The previous sentence held three American English passives! Can you find them?)

Just about any active transitive sentence can be changed to passive:

Active:	Passive:
He paid the bill.	*The bill was paid.*
She saw the car.	*The car was seen.*

Intransitive sentences cannot be made passive:

She is a wonderful person.	*No passive equivalent.*
The restaurant comes highly recommended.	*No passive equivalent.*

Swedish makes the passive by adding **–s** to the active form; a final **–r** is replaced by **–s.**

Active:	Passive:
Hon komponerar musik.	*Musiken komponeras.*
Han betalade notan.	*Notan betalades.*
Tjuven (*the thief*) stal bilen.	*Bilen stals.*

Try it out!

Mark the sentences A for Active, D for Deponent or P for Passive.

Mark betalade notan.	A	D	P
Barnet kräktes.	A	D	P
Anna promenerade genom stan.	A	D	P
De minns den fina kvällen.	A	D	P
Boken skrevs av Strindberg.	A	D	P
Tjuven stal bilen.	A	D	P
Mark såg tjuven.	A	D	P
Tjuven greps av polisen.	A	D	P
Konserten gavs varje sommarnatt.	A	D	P
Det hoppas jag!	A	D	P

Try it out!

Change active to passive! Here are some examples:

Tjuven stal bilen. *The thief stole the car.*
Bilen stals. *The car was stolen.*

And here's a longer one (**konserthuset** = *auditorium*):

Man ger en konsert i konserthuset varje lördagskväll.
En konsert **ges** i konserthuset varje lördagskväll.

Now it's your turn:

1. Mozart komponerade musiken som man spelar.

2. Tolstoj skrev boken "Krig och Fred."

3. Polisen ser biltjuven.

4. Polisen griper biltjuven.

5. Bilmekanikern lagar bilen. (*The car mechanic fixes the car*).

6. Kocken lagade en utmärkt middag.

7. Kritikern såg filmen.

8. Kritikern recenserar (*writes a review*) filmen.

9. Man hittade plånboken liggande på gatan. (*Someone found a wallet lying on the street*).

How do you know? Veta, kunna, känna

Veta is the verb you use when you know a fact.

Jag **vet** vad han heter.	*I know his name.*
Mark **vet** att restaurangen Gyldene Freden ligger i Gamla Stan.	*Mark knows that the restaurant Gyldene Freden is in Gamla Stan.*

Kunna is the verb you use when you know how to do something or have acquired the ability to do something skillfull.

Anna **kan** spela viol.	*Anna knows how to play the violin.*
Jag **kan** tala svenska.	*I know how to speak Swedish.*

Känna is the verb you use when you know a person or a place in the sense of being aquainted with that person or place.

Mark **känner** Anna.	*Mark knows Anna.*
Anna **känner** Stockholm.	*Anna knows Stockholm.*

Try it out!

Write the verb equivalent to "know" with the proper Swedish verb.

1. Lars _____ spela flöjt (*flute*).

2. Hans-Erik _____ mycket om fysik.

T3. ant Elly _____ Chicago för att hon har bott där.

4. _____ du var restaurangen ligger?

5. _____ du tala engelska?

6. Mark _____ inte hur man kör dit.

7 _____ du vad han heter?

8. _____ du spela tennis?

9. _____ du till Göteborg?

10. Det _____ jag inte!

Try it out!

Några instrument.

Guess which instrument!

1. en gitarr _____

2. en fiol _____

3. en basfiol _____

4. en trumpet _____

5. en cello _____

6. en trumma _____

7. en saxofon _____

8. en klarinett _____

9. en flöjt _____

Frågor och svar.

1. Kan du spela ett instrument? Om ja, vilket? Spelar du bra?

2. Går du ofta på konsert? Eller föredrar du att gå på bio? Eller tycker du bäst om att stanna hemma?

3. Vet du hur man lagar kinesisk mat?

4. Vilken stad känner du bäst till? Varför? Har du bott där eller har du rest dit ofta?

5. Hur bra känner du din bästa vän? Hur bra känner du dina klasskamrater?

6. Kan du laga en bil?

Skriv en uppsats.

(**uppsats** = *essay*)

Skriv en uppsats om en stad, en person eller ett land som du känner väl till.

ORDLISTA

EN-NOUNS

biff /-ar	*beef*
blomsteraffär /-er	*flower shop*
bordsbeställning /-ar	*reservation* (at a restaurant)
choklad	*chocolate*
flaska /-or	*bottle*
fysik	*physics*
hovmästare	*maître d'*
kaka /-or	*cake*
ketchup	*ketchup*
kock /-ar	*cook, chef*
konsert /-er	*concert*
kritiker /-	*critic*
lax /-ar	*salmon*
maträtt /-er	*dish*
medeltiden	*the Middle Ages*
mekanik /-er	*mechanic*
nota /-or	*bill, note*
plånbok /-böcker	*wallet*
polis /-er	*police officer, the police*
senap	*mustard*
servitör /-er	*waiter*
sjöman /-män	*sailor*
sommartid /-er	*summertime*
sås /-er	*sauce*
tårta /-or	*fancy cake, often with fruit, torte*
tjuv /-ar	*thief*
vanilj [no plural]	*vanilla*
väg /-ar	*way, road*

ETT-NOUNS

besök /-	*visit*
bord /-	*table*
dubbelt medborgarskap/-	*dual citizenship*
fönster /-ret /- /-ren	*window*
hallon [no plural]	*raspberry*
medborgarskap /-	*citizenship*
vin /-er	*wine*

VERBS

beställa bord (IIa)	*make a reservation*
driva (s)	*to run* (a business)
fånga (I)	*to catch*
föreslå (s)	*suggest*
förlora (I)	*lose*
gripa (s)	*grab, nab*
hoppas (d)	*hope*
komma ihåg (s)	*remember* (a fact)
komponera (I)	*compose*
kräkas (d)	*vomit*
kunna (m)	*be able to, have the ability, know, can*
känna (IIa)	*be aquainted with, feel, know*
känna till (IIa)	*know about*
laga (I)	*fix, make*
minnas (d)	*remember* (memories)
promenera (I)	*take a walk*
recensera (I)	*review, write a review*
sakna (I)	*to miss* (a person or place)
skynda sig (I R)	*hurry*
stjäla (s)	*steal*
stå kvar (irr.)	*still be standing*
växa (IIb)	*grow*
växa upp (IIb)	*grow up, be raised in a place*
önska (I)	*wish, want*

ADJECTIVES

stark	*strong*

svag	*weak*
sval	*cool and pleasant*
utmärkt	*excellent*
varm	*warm, hot*

ADVERBS

strax	*quickly*
tillbaka	*back*

PREPOSITIONS

genom	*through*
vid	*by, next to*

PHRASES

Berätta lite om ditt liv	*Tell me a little about your life*
den äldsta	*the oldest*
det känns skönt	*It feels nice, it's pleasant*
det tycker jag med	*I think so, too*
det är jag glad för	*I'm happy about that*
det är jag tacksam för	*I'm thankful for that*
fråga efter	*ask for*
gå i pension	*retire*
Smakade det bra?	*Did you enjoy your meal?*
i morse	*this morning*
jobba hos	*work at, work for*
liggande på gatan	*lying on the street*
nja [nej+ja]	*yes and no, well* (indicates ambiguity)
passa till	*fit, suit, be suitable*
på väg till	*on the way to*
vad önskas?	*What would you like? (May I have your order?)*
välkommen åter	*come back soon* (literally: welcome back)
Önskas det nåt mer?	*Anything else?*

Lite läsning

Restauranger i Sverige

Att gå på en restaurang kan vara dyrt i Sverige. Många ingredienser till maträtterna måste importeras och då kostar det ju lite mer. Det är också dyrt att beställa öl, vin eller drinkar med sprit. Man vill inte att folk ska dricka för mycket så det är en hög skatt på just drycker med alkohol.

Men svenskarna tycker om att äta ute. Det finns många slags restauranger där man kan prova olika maträtter. Thailändsk mat är oerhört populär för att många människor har rest till Thailand under vintern och lärt sig äta de starkt kryddade maträtterna. Det finns också mycket indisk mat för att inte tala om italienska pizzarestauranger! Kinesisk mat har funnits länge i Sverige, men det finns inte så många kinesiska restauranger som i USA.

Det är alltid gott med svenska maträtter (husmanskost). Det finns restauranger som Den Gyldene Freden som specialiserar sig på husmanskost. Typiska rätter är köttbullar med lingon, pytt i panna, Biff à la Lindström, sill med färskpotatis, med mera. Det ska man prova när man är i Sverige. Smaklig måltid!

---

dyr	*expensive*
ingredienser	*ingredients*
importera	*import*
kosta	*cost*
drinkar	*drinks, cocktails*
sprit	*alcohol, "spirits"*
hög	*high*
skatt	*tax*
alkohol	*alchohol*
dryck	*beverage*
thailänsk	*Thai*
lära sig äta	*learn to eat*
starkt kryddade	*strongly spiced* (**krydda**: *spice*)

indisk	*Indian*
länge	*for a long time*
husmanskost	*Swedish food, homestyle cooking for Swedes*
specialisera sig	*specialize*
köttbullar	*Swedish meatballs*
lingon	*lingonberries*
pytt i panna	*cubed potatos and meat with an egg*
sill med färskpotatis	*herring and new potatoes*
med mera	*among others*
Smaklig måltid!	*Bon appétit!*

KAPITEL TIO

Dags att åka hem

Dialog 1

Mark håller på att packa resväskorna. Han känner sig lite ledsen för att året i Sverige når sitt slut. Han kommer att sakna sina nya svenska bekanta och vänner men mest av allt kommer han att sakna Anna. Hur kommer framtiden att se ut? Mobilen ringer.

Mark: Bergström.

Tant Elly: Hej, Mark. Du åker hem snart, eller hur? Hur många dagar har du kvar?

Mark: Hej, tant Elly. Tyvärr åker jag om tre dagar. Det känns konstigt efter att ha varit här i ett helt år.

Tant Elly: Då ska du komma till mig imorgon eftermiddag. Ta med Anna. Hon är en trevlig tjej. Jag bjuder på kaffe, förstås.

Mark: Tack ska du ha, tant Elly. Det var snällt av dig att bjuda Anna. Vet du vad, jag kommer att sakna henne oerhört mycket, men jag vet inte vad jag ska säga till henne. Jag vet inte hur framtiden kommer att se ut.

Tant Elly: Oroa dig inte. Allt ordnar sig, ska du se. Du och Anna är välkomna klockan tre i morgon. Jag ska baka en fin chokladkaka till kaffet.

Mark: Tusen tack. Vi ses klockan tre. Hej så länge.

Tant Elly: Hej då!

Mark ringer till Anna.

Anna: Andersson.

Mark: Hej, Anna, det är Mark. Tant Elly har precis ringt och bjudit oss hem till sig imorgon klockan tre. Hon ska baka en chokladkaka till oss. Hoppas verkligen att du har tid att följa med.

Anna: Ja, det har jag. Det är snällt av henne. Jag gillar din Tant Elly. Hon är alltid så omtänksam.

Mark: Då hämtar jag dig klockan halv tre och så åker vi dit tillsammans. Blir det bra så?

Anna: Okej, då ses vi klockan halv tre.

Dags att åka hem	*time to go home*
hålla på	*be in the middle of* [verb]
känna sig ledsen	*feel sad*
nå sitt slut	*come to an end*
kommer att sakna	*is going to miss*
bekanta	*acquaintances*
Hur kommer framtiden att se ut?	*What does the future hold?*
en mobil	*cell phone*
snart	*soon*
om tre dagar	*in three days*
Det känns konstigt	*It feels strange*
i ett helt år	*for a whole year*
vet du vad	*you know*
allt ordnar sig	*everything will work out*
ska du se	*you'll see*
följa med	*come with*
omtänksam	*thoughtful*
hämta	*pick (someone) up*
Blir det bra så?	*Is that all right?*

Dialog 2

Tant Elly har bakat hela dagen. Hon gillar att baka kakor, bullar, småkakor, bröd och även pajer. Den här gången har hon bakat kardemummabullar, fyra sorters småkakor och en chockladkaka. Hon tänker också bjuda på skinksmörgåsar som hon vet att Mark tycker om. Då blir det sju sorters tillsammans, precis som det ska vara till kaffekalas. Det ringer på dörren.

Tant Elly: Hej Mark! Hej Anna! Välkomna! Stig in! Vad trevligt att ni kunde komma!

Anna: Hej, Tant Elly. Så snällt av dig att bjuda oss på kaffe.

Mark: Det luktar gott! Har du stått och bakat hela dagen? Du är alldeles för snäll!

Tant Elly: Det var så lite. Kom och sätt er i vardagsrummet. Jag har dukat till kalas! Vi ska bjuda Mark på en trevlig liten avskedsfest.

De sitter och äter de goda bakverken. Som vanligt har Tant Elly bakat goda småkakor. Anna märker att Tant Elly har bjudit på sju sorters. Det är ett riktigt kaffekalas.

Anna:	Tack för maten, Tant Elly. Vad du är duktig på att baka.
Tant Elly:	Det var så lite så.
Mark:	Jag kommer verkligen att sakna dina goda småkakor. Tack ska du ha, Tant Elly. Och tack för allt under hela året.
Anna:	Får jag fråga en sak? Det är något jag har undrat över. Din mamma är svensk, förstås, som du ofta har berättat, men du heter ju Bergström i efternamn. Är din far norrman, eller?
Mark:	Haha, det är han inte. Hans farfars far kom till Chicago för hundra år sen. Han är typisk amerikan: en salig blandning med rötter i flera länder.
Tant Elly:	Vet du varifrån han kom?
Mark:	Nej, det vet jag inte. Ingen aning, faktiskt. Men han var stolt över sina svenska rötter. Det finns fortfarande många svenskättlingar i Chicagotrakterna.
Tant Elly:	Kanske borde du komma tillbaka och göra lite släktforskning.
Mark:	Nja, vet inte. Min far har bara varit i Sverige en enda gång. Jag hoppas att han ska komma hit igen och göra släktforskningen själv nu när han har gått i pension. Jag måste avsluta mina studier först. Jag vet inte när jag kan komma tillbaka hit.
Tant Elly:	Och du, Anna, när avslutar du dina studier?
Anna:	Om två år. Men kanske ska jag ta en paus och åka runt lite. Jag har varit i New York och Kalifornien, men jag har inte varit i Seattle.
Mark:	Skulle du verkligen vilja komma till Seattle?
Anna:	Naturligtvis.
Mark:	Då hoppas jag att du besöker mig och lär känna min familj.
Anna:	Tack, det vill jag gärna.

Tant Elly ler för sig själv. Allt kommer att ordna sig, som sagt.

småkaka	*cookie*
bröd	*bread*
paj	*pie, quiche*
kardemumma	*cardemom*
sju sorters	*Seven Kinds*, a set phrase regarding the proper number of cookies and cakes for a coffee party
tillsammans	*altogether*
kaffekalas	*coffee party*
Det ringer på dörren.	*The doorbell rings.*
Det luktar gott.	*It smells wonderful.*
Du är alldeles för snäll.	*You've gone to too much trouble.*
Det var så lite.	*It wasn't any trouble at all.*
duka	*set the table*
avskedsfest	*good-bye party*
duktig på att baka	*skillful at baking*
Får jag fråga en sak?	*May I ask you something?*
norrman	*Norwegian male* [**norsk** = *Norwegian* (in general)]
eller?	*right?*
en salig blandning	*a real mix*
rötter i ett land	*roots in a country*
varifrån	*from where*
ingen aning	*no idea*
vara stolt över	*be proud of*
svenskättling	*a descendant of Swedes*
trakt	*area, surrounding area*
släktforskning	*geneology* (literally: *relative* + *research*)
ta en paus	*take a break*
Nya York	*New York*
Kalifornien	*California*
naturligtvis	*of course*
le för sig själv	*smile to one's self*
som sagt	*as predicted*

REFLEXIVE VERBS

Some verbs take the reflexive particle as part of their construction. This is not done in English, though we sometimes emphasize reflexivity by using "myself, yourself, himself" and so on. When you see a reflexive verb in the dicationary, it is marked with **sig**, as you have already seen throughout this text.

For the first and second person, the reflexive verb pronoun forms are identical to the object pronouns **mig, dig, oss, er** *(me, you, us, you guys, y'all)*, while **sig** is used for the third person, whether singular or plural.

Here is a present tense conjugation of the verb **oroa sig** *(to worry)*:

jag **oroar mig**	*I worry*
du **oroar dig**	*you worry*
han **oroar sig**	*he worries*
hon **oroar sig**	*she worries*
vi **oroar oss**	*we worry*
ni **oroar er**	*you guys, y'all worry*
de **oroar sig**	*they worry*

Here is a past tense conjugation of the verb **bestämma sig** *(to decide)*.

jag **bestämde mig**	*I decided*
du **bestämde dig**	*you decided*
han **bestämde sig**	*he decided*
hon **bestämde sig**	*she decided*
vi **bestämde oss**	*we decided*
ni **bestämde er**	*you guys decided, y'all decided*
de **bestämde sig**	*they decided*

Try it out!

Fill in the reflexive verb pronoun to match the subject!

1. Jag bestämde _____ att gå på bio.

2. Han kan inte bestämma _____.

3. Du oroar _____ för mycket. Jag oroar _____ inte så mycket, faktiskt.

4. Mark kände _____ ledsen.

5. Vi måste bestämma _____.

6. Tant Elly oroar _____ aldrig.

7. Det ska ordna _____, ska du se!

8. Varför oroar ni ____? Vi har gott om tid!

9. De bestämde _____ för att åka till Italien.

10. Hur vet du att allt ska ordna _____?

11. Känn _____ inte ledsen, Mark! Anna gillar dig!

12. Anna känner ___ inte ledsen, hon känner ___ glad!

Comparing, Contrasting and the Best of the Best

Both Swedish and English use comparatives and superlatives in two ways: the Germanic way with *–er* and *–est* (**-are** and **–ast** in Swedish) and the Latin way with more and most (**mer** and **mest** in Swedish). The general rule is that Germanic endings are used with Germanic words and the Latin way is used with Latin-derived words.

English:
pretty   *prettier*   *prettiest*
fantastic   *more fantastic*   *most fantastic*

Swedish:
vacker   **vackrare**   **vackrast**
fantastisk **mer fantastisk**   **mest fantastisk**

However, the correspondance between Swedish and English is not exact. For instance, more Swedish adjectives have moved into the comparative form using **–are / –ast** than in English.

intelligent   **intelligentare**   **intelligentast**
intressant   **intressantare**   **intressantast**
modern   **modernare**   **modernast**

Some adjectives change their form:

English:
good   *better*   *best*

Swedish:
bra   **bättre**   **bäst**

Here are some common comparatives and superlatives in Swedish:

dålig	**sämre**	**sämst**	*bad / worse / worst*
gammal	**äldre**	**äldst**	*old*
hög	**högre**	**högst**	*high*
kall	**kallare**	**kallast**	*cold*
kort	**kortare**	**kortast**	*short*
låg	**lägre**	**lägst**	*low*
lång	**längre**	**längst**	*long, tall*
snäll	**snällare**	**snällast**	*kind*
stark	**starkare**	**starkast**	*strong*
svag	**svagare**	**svagast**	*weak*
trevlig	**trevligare**	**trevligast**	*pleasant*
ung	**yngre**	**yngst**	*young*
varm	**varmare**	**varmast**	*warm*

The colors also use **–are** and **–ast**.

grön	**grönare**	**grönast**	*green*
svart	**svartare**	**svartast**	*black*
vit	**vitare**	**vitast**	*white*

Adverbs also use **–are** and **–ast**

fort	**fortare**	**fortast**	*quickly*
nära	**närmare**	**närmast**	*near*
ofta	**oftare**	**oftast**	*often*
sent	**senare**	**senast**	*late*
snabbt	**snabbare**	**snabbast**	*fast*
tidigt	**tidigare**	**tidigast**	*early*

Adverbs also have a few irregular forms:

gärna	**hellre**	**helst**	*willing*
illa	**värre**	**värst**	*not well, badly, poorly*
långt	**längre**	**längst**	*long*
mycket	**mer**	**mest**	*much*
väl	**bättre**	**bäst**	*well*

To compare two things or events, we use "than" in English. The Swedish is **än**.

Han är **längre än** jag.	*He is taller than I am.*
Hon är **snällare än** han.	*She is nicer than he is.*
Barnet är **yngre än** du.	*The child is younger than you are.*

In such sentences, you must use the subject pronoun, not the object pronoun, unlike common American English usage.

Han är kortare än jag.	*He's shorter than me.*

Try it out!

Write in the comparative and superlative forms of the adjectives and adverbs!

ung _____   _____

svag _____   _____

lång _____   _____

snabb _____   _____

ofta   _____   _____

grön   _____   _____

gul   _____   _____

sent   _____   _____

varm   _____   _____

mycket   _____   _____

god/bra   _____   _____

gärna   _____   _____

Try it out!

Compare two people:

Mark är _____ ____ Anna. (older than)

Mark är _____ ____ Tant Elly. (younger than)

Lars springer _____ ___ Hans-Erik. (more quickly than)

Anna stiger upp _____ ___ Mark. (earlier than)

Hans-Erik är _____ ___ Lars. (taller than)

Lars är _____ ___ Hans-Erik. (shorter than)

Nadja är _____ ___ Anna. (more beautiful than)

Hans-Erik är _____ ___ Lars. (more intelligent than)

Try it out! It's the best!
Use the superlative.

Hans-Erik är _____. (tallest)

Anna är _____. (most intelligent).

Tant Elly är _____. (nicest).

Mark springer _____. (fastest)

Den här boken är _____. (most interesting)

Det här bordet är _____. (most modern)

Hans kom _____ till festen. (latest)

Try it out!

Compare two of your friends in Swedish.

Hur säger man det på svenska?

1. The weather is warmer today.

2. I bought the most modern table in the store.

3. Tant Elly is the best baker in Stockholm!

4. I like to eat cheese sandwiches more than shrimp sandwiches.

5. Anna gets up earlier than Mark.

7. Mark runs faster than Lars.

6. Tant Elly is older than Anna.

7. This chair is more yellow than that one.

8. He's taller than me.

9. Stockholm is closer to Norrtälje than to Jönköping.

10. That's the greenest dress I've ever seen!

Frågor och svar.

1. Kan du baka sju sorters kakor? Varför är det viktigt att kunna bjuda på alla sju?

2. Har du varit på kaffekalas i Sverige? Beskriv det!

3. Om du var kär i någon, skulle du ha svårt att tala om det för den personen?

4. Vad ska man packa för en längre resa?

5. Vad händer när man har fest i USA jämfört med i Sverige?

6. Om du skulle bjuda folk på fest, vilken slags fest skulle det bli? Vilken slags mat skulle du vilja bjuda på? Hur många skulle du vilja bjuda?

Skriv en dialog.

Du och en vän ska bjuda på fest. Du vill ha en stor fest med mycket mat. Din vän vill ha en liten fest med bara pizza och läsk. Hur ska ni ordna festen?

ORDLISTA

EN-NOUNS
bekanta	*aquaintances*
forskning /-ar	*research*
kardemumma (no plural)	*cardemom (a spice)*
mobil /-er	*cell phone*
paj /-er	*pie, quiche*
rot / rötter	*root*
trakt /-er	*area, surrounding area*
släkt /-er	*the larger family*
småkaka /-or	*cookie*
ättling /-ar	*descendant*

ETT-NOUNS
bröd /-	*bread*
kalas /-	*party* (smaller, more informal party)
slut /-	*end*

VERBS
bjuda (s)	*invite, offer*
duka (I)	*set the table*
hämta (I)	*pick someone up from somewhere*
känna sig (IIa R)	*feel*
le (s)	*smile*
lukta (I)	*smell*
ordna sig (I R)	*work out*
sakna (I)	*miss (someone or some place)*
skratta (I)	*laugh (out loud)*

ADJECTIVES
duktig	*dutiful, skilled*
dålig / sämre / sämst	*bad*
fantastisk	*fantastic*
gammal / äldre / äldst	*old*

glad	*happy*
hel	*whole*
hög	*high*
kort	*short*
ledsen	*sad*
lång	*tall*
låg	*low*
norrman	*Norwegian male*
norsk	*Norwegian*
omtänksam	*thoughtful*
stark	*strong*
stolt	*proud*
svag	*weak*
ung	*young*

ADVERBS

fort	*fast*
gärna	*willingly, gladly*
om	*within* (in time expressions)
naturligtvis	*of course*
sen	*late*
snabb	*quickly*
varifrån	*from where*

PHRASES

Blir det bra så?	*Is that all right?*
dags att åka hem	*time to go home*
Det ringer på dörren.	*The doorbell rings.*
Det luktar gott.	*It smells wonderful.*
Det var så lite.	*It wasn't any trouble.*
en salig blandning	*a real mix*
Får jag fråga en sak?	*May I ask you something?*
hela dagen	*the whole day*
i ett helt år	*for one whole year*
ingen aning	*no idea*
le till sig själv	*smile to one's self*
nå sitt slut	*come to an end*

som sagt	*as (I) said, as predicted*
ta avsked	*say goodbye*
ta en paus	*take a break*
vara stolt över	*be proud of*

Lite läsning

Kaffekalas

Att dricka kaffe tillsammans är ett typiskt sätt att umgås i Sverige. När man har gäster bjuds det ofta på kaffe och sju sorters kakor. Man brukar ha en smörgås (skinka, ost, ägg), bullar, småkakor och tårta. Allt räknas exakt! Man får bara ta en av varje sort – inte två vaniljstångar och ingen kanelkaka! Man måste vänta tills alla har fått sitt. Om värden sager att man får fler, då tar man en kaka till av samma sort. Värden kommer att bjuda på hur många koppar kaffe som helst. Det är bara att tacka nej när man har fått nog.

---

umgås	*be sociable, hang out with people*
bruka ha	*usually has*
ett ägg	*egg*
räknas	*is counted*
exakt	*exactly*
en av varje sort	*one of each kind*
vänta	*wait*
få sitt	*received his or her share*
som helst	*as possible*
fått nog	*have had enough to eat / drink*

REVIEWING SWEDISH BASICS

An introductory book like this cannot cover the entire Swedish language, but by now you know the basics of using nouns, verbs, adjectives and adverbs as well as how to form basic questions and answers.

Let's review what has been covered so far.

Nouns

- Two kinds: EN (gender) and ETT (neuter).
- Seven forms based on the plural:
    Group 1 (**-or**)
    Group 2 (**-ar**)
    Group 3 (**-er**)
    Group 4 (**-r**),
    Group 5 (**-en**)
    Group 6 (**-**)
    Group 7 (**-s**).
- Definite forms (*the*) using suffixes.

Fill in the chart using nouns found in this book!

ett barn	**barnet**	**barn**	**barnen**
a child	*the child*	*children*	*the children*
ett ägg	_____	_____	_____
en bok	_____	_____	_____
en rot	_____	_____	_____
___ restaurang	_____	_____	restaurangerna
___ hotell	_____	_____	hotellen

	katten		
___	kartan	___	___
___ liv	___	___	liven
___ dag	___	dagar	___
___ år	___	år	___
___ ___	brödet	___	___
___ ___	___	maträtter	___
___ ___	fönstret	___	___
___ ___	___	___	grodorna
___ ___	___	___	passen
___ korg	___	korgar	___
ett rum	___	___	rummen
___ yrke	___	___	yrkena
___	___	pajer	___
___ äpple	___	äpplen	___

Verbs

You have learned the four basic parts of the verb: infinitive, present, past and supine (for the present and past perfect). You also learned the command form (imperative).

You have learned the modal verbs: **ska, måste, kan, vill**, etc.
You have also learned active verbs, passive verbs, deponent verbs and reflexive verbs.

<u>Circle which kind of verb is in the following sentences:</u>
(ignore the modal verbs)

Mark talar med Anna.	A	P	D	R
Tant Elly oroar sig inte.	A	P	D	R
Boken skrevs förra året.	A	P	D	R
Lars-Erik ska vila sig nu.	A	P	D	R
Filmen visades igår.	A	P	D	R
Jag har bestämt mig för att åka.	A	P	D	R
Det hoppas jag verkligen!	A	P	D	R
Tant Elly minns sin man.	A	P	D	R
Vi måste skynda oss!	A	P	D	R
Barnet kräktes efter kalaset.	A	P	D	R
Tjuven greps av polisen.	A	P	D	R
Talar du svenska nu?	A	P	D	R

Write the four forms of the following verbs:

prata _____ _____ _____

dekorera _____ _____ _____

läsa _____ _____ _____

tro _____ _____ _____

_____ _____ skrev _____

_____ _____ bjöd _____

_____ kör _____ _____

bestämma sig _____ _____ _____

hoppas _____ _____ _____

_____ _____ mindes _____

vila sig _____ _____ vilat sig

sakna _____ _____ _____

sy _____ _____ _____

promenera _____ _____ _____

ljuga _____ _____ _____

Write the command forms (command):

komma   _____!

gå   _____!

stanna   _____!

sjunga   _____!

tro   _____!

oroa sig   _____!

dansa   _____!

tala   _____!

se   _____!

äta   _____!

skynda sig   _____!

skriva   _____!

simma   _____!

dekorera   _____!

sy   _____!

Adjectives

You learned that adjectives have three forms: gender, neuter (**-t**) and plural (**-a**). You also learned that adjectives have comparative and superlative forms.

Write the three forms of the adjectives:

röd　　　　　　＿＿＿＿＿＿　　　　＿＿＿＿＿＿

stark　　　　　＿＿＿＿＿＿　　　　＿＿＿＿＿＿

omtänksam　　＿＿＿＿＿＿　　　　＿＿＿＿＿＿

vit　　　　　　＿＿＿＿＿＿　　　　＿＿＿＿＿＿

snäll　　　　　＿＿＿＿＿＿　　　　＿＿＿＿＿＿

arg　　　　　　＿＿＿＿＿＿　　　　＿＿＿＿＿＿

glad　　　　　＿＿＿＿＿＿　　　　＿＿＿＿＿＿

fin　　　　　　＿＿＿＿＿＿　　　　＿＿＿＿＿＿

Write the comparatives and superlatives for the adjectives:

svag　　　　　＿＿＿＿＿＿　　　　＿＿＿＿＿＿

grön　　　　　＿＿＿＿＿＿　　　　＿＿＿＿＿＿

ung　　　　　＿＿＿＿＿＿　　　　＿＿＿＿＿＿

gammal　　　＿＿＿＿＿＿　　　　＿＿＿＿＿＿

god/bra　　　＿＿＿＿＿＿　　　　＿＿＿＿＿＿

Adverbs

You learned that adverbs have one form: **lagom, trevligt, ofta**, etc.

You learned that adverbs have comparative and superlative forms.

Write the comparative and superlative forms of the adverbs:

mycket   _____   _____

gärna   _____   _____

snabbt   _____   _____

tidigt   _____   _____

nära   _____   _____

sent   _____   _____

Some adverbs of place have two forms: **hem, hemma**, etc., depending on whether the subject is stationary or moving toward or away from something.

Kom hem!   **Jag är hemma.**
Come home!   *I am at home.*

Which form?

Moving   Stationary

dit   _____

_____   här

fram   _____

_____   hemma

_____   uppe

in   _____

ut   _____

Prepositions

You learned that prepositions cover place, manner and time. You learned that prepositions have objects to make prepositional phrases: **med mig, bredvid dig, på gatan, i huset**, etc.

You also learned that prepositions can follow verbs and change the meaning of the verb: **tycka, tycka om**.

In addition, you learned that prepositions are rather idiosyncratic, which means you should often learn the whole phrase.

Fill in the proper preposition:

Jag tycker ____ att läsa böcker.

Hon hittade ett brev som låg ____ gatan.

Kom ____ tre timmar!

Prata ____ mig!

Se ____ honom!

Stig ____!

Gå ____!

Svara ____ frågan!

Byggnaden ligger ____ Storgatan.

Åker du ____ Sverige nästa år?

Tror du ____ Gud eller inte?

Välkommen ____!

Det ringer ____ dörren.

Vill du följa ____ mig?

Sentence order

- You have learned that a main sentence has a fixed place for the verb.
- Anything can be in first place, but the verb must be second.
- The word order is not as strict as in English.
- Prepositional phrases are ordered manner, place and time.
- Time is often moved to the first position.
- Adverbs move before verbs in subclauses.
- **Har / hade** in perfect tenses can be dropped in subclauses.

Lite läsning

Ett brev

Tant Elly är lite gammalmodig. Hon tycker om att skriva mejl, för att hon känner sig osäker när det gäller de moderna kommunikationsmöjligheterna, som att skriva text på mobiltelefon, fast alla ungar messar hela tiden.

```
Hej Mark!

Hoppas att du kommit hem ordentligt. Hur var resan?
Här går allt bara bra och jag har mycket att göra i
trädgården. Det är dags att skörda grönsakerna:
potatis, morötter och ärtor. Snart blir det äpplen på
äppleträdet och då kan jag baka en fin äppelpaj.

Hur är det med Anna? Hoppas hon mår bra. Vilken
trevlig tjej. Ska hon resa till Seattle till julen som
hon sagt?

Ja, kära du, allt går som vanligt här. Jag tänker på
dig. Hälsa din mamma från mig och om du får chansen,
hälsa Anna också! Sköt väl om dig och ha det så bra!

    Kram,
    Din moster, Elly
```

gammalmodig	*old fashioned*
mejl	*e-mail*
känna sig	*to feel*
osäker	*insecure*
när det gäller	*when it comes to*
de moderna kommunikationsmöjligheterna	literally: *modern communication possibilities*
mobiltelefon	*cell phone*

messa	*to text*
trädgården	*the garden*
skörda	*to harvest*
grönsaker	*vegetables*
morötter	*carrots*
ärtor	*peas*
må bra	*be in good health*
kära	*dear*
sköt väl om dig	*take care of yourself*
ha det så bra	literally: *"Have it so good"*
kram	*hug*

Write a letter to a Swedish friend or relative!

Acknowledgements

I am grateful to my colleague at the Swedish Cultural Center Berit Lehrer, and Berit's niece Susanne Karlsson, as well as Gudrun and Jan Igefjord for their review of the Swedish. I would also like to thank Dr. A. Freytag and Dr. Julie D. Allen for all their editing help and useful suggestions.

A special thank you to my wonderful students at the Swedish Cultural Center and the Scandinavian Language Institute for their helpful suggestions and enthusiasm. Tusen tack!

For the third edition, I am especially grateful to Jennifer Hawkins, my new colleague at the Swedish Cultural center for her helpful insights and good eye for typos.

About the Author

Laura A. Wideburg has loved the Swedish language since she spent a summer in Vrigstad, Småland as a high school exchange student. She has a Ph. D. in historical Germanic linguistics and literature from the University of Washington.

She has spent over twenty years teaching Swedish, German and French. She has also translated a number of books from Swedish including four thrillers by Inger Frimansson: *Good Night, my Darling*, *Shadow in the Water*, *The Island of Naked Women* and *The Cat did not Die*. Her translation of *Good Night, my Darling* won the Gold Medal for Best Translated Book 2007 from ForeWord magazine.

The second book in this introductory series: *Swedish — Beyond the Basics*, will appear later this year to be followed by her book *Write Your Swedish Letters*.

She lives in Seattle and teaches Swedish at the Swedish Cultural Center and the Scandinavian Language Institute.

blurb.com